Wenzel Lohff

GLAUBENSLEHRE UND ERZIEHUNG

VANDENHOECK & RUPRECHT IN GÖTTINGEN

Wenzel Lohff

geboren 1925 in Bad Oeynhausen, Dr. phil. 1950, Dr. theol. 1954 in Erlangen. Kirchen- und Schuldienst in München, 1957 Habilitation für Systematische Theologie in Erlangen. 1959 Professor an der Pädagogischen Hochschule München, 1963 o. Professor für Systematische Theologie an der Universität Hamburg, seit 1972 an der Universität Göttingen. 1969 Vorsitzender des theologischen Ausschusses der Vereinigten Evangelisch-Lutherischen Kirchen Deutschlands, 1971 Mitglied des Rates der Evangelischen Kirche in Deutschland.

Veröffentlichungen in den Arbeitsgebieten: Religionspädagogik (u. a. „Wie unser Leben gelingen kann. Die zehn Gebote", 1970), Fundamentaltheologie (u. a. „Glaube und Freiheit. Die theologische Problematik der Religionskritik von Karl Jaspers", 1957), Bekenntnisfrage und zwischenkirchliche Lehrverhandlungen (u. a. „Rechtfertigung im neuzeitlichen Lebenszusammenhang", 1974 [zusammen mit Chr. Walther]) und Theologische Anthropologie.

Kleine Vandenhoeck-Reihe 1392

Umschlag: Hans Dieter Ullrich. — Gesamtherstellung: Hubert & Co., Göttingen.

ISBN 3-525-33355-2

Inhalt

Inhalt

Vorwort

Im Verhältnis von Erziehung und christlichem Glauben hat sich in den letzten Jahren eine folgenreiche Veränderung vollzogen. Konnten nach dem letzten Kriege die Kirchen für das Feld der Erziehung eine kaum bestrittene Zuständigkeit beanspruchen, so hat sich das Bild nach der Wiedererweckung aufklärerischen Gedankenguts radikal verändert. Die Bedeutung der Überlieferung für die Erziehung wurde fort und fort problematisiert: Bildungsinhalte sollen nur noch instrumentale Funktion für den Bildungs- und Erziehungsprozeß haben. Die Religion und ihre Institutionen erscheinen wie ein Schulbeispiel der Verhinderung mündiger Selbstbestimmung des Menschen, die zum dominierenden Motiv und Ziel der Erziehung wird. Die Folgen dieser Neuorientierung treffen nicht nur den Religionsunterricht der öffentlichen Schulen, der, wenn überhaupt noch, nur noch unter funktionalen Gesichtspunkten als legitim erscheint. Sie betreffen die Kirche auf ihrem eigenen Gebiet erzieherischer Wirksamkeiten, z.B. in der Glaubensverkündigung für Kinder (Kindergottesdienst). Hier werden nicht nur die traditionellen Inhalte als nicht kindgemäß kritisiert, sondern es wird auch die Form der Darbietung als der Ermöglichung von Selbstbestimmung nicht konform beurteilt. Wo schließlich die Kirche zum Problem der Bildung selbst das Wort nimmt (z.B. anläßlich der Bildungssynode der EKD von 1971), scheint sie nur die Forderungen der allgemeinen pädagogischen Diskussion zu verdoppeln (Förderung der Chancengleichheit, der kompensatorischen Erziehung usw.). Wo nun der genuine Beitrag der Kirchen als Glaubensgemeinschaften zur Bildungsaufgabe liegen könnte, wird nicht mehr deutlich.

Auf dem Hintergrund dieser Situation versucht die folgende Studie, im Problemfeld der Beziehungen zwischen Glaube und Erziehung zu orientieren (Kap. 1—3). Vor allem aber sucht sie aufzuzeigen, inwiefern die Symbole der christlichen Glaubensüberlieferung selbst einen Horizont für das Handlungsfeld der Erziehung gewähren, der auch unter den gewandelten Bedingungen heutiger Bildung auf keine andere Weise gewonnen werden kann (Kap. 4). In diesen Überlegungen liegt das Hauptgewicht der Untersuchung, hier wird weiter zu arbeiten sein.

1. Konzeptionen der Erziehung in der traditionellen Glaubenslehre*

Die Frage nach dem Verhältnis von Glaubenslehre und Erziehung legt die Vorstellung nahe, es handle sich dabei um zwei von einander unabhängige Größen, deren Beziehung zueinander zu untersuchen wäre. Einer solchen Untersuchung aber stellen sich herkömmlich bedeutende Schwierigkeiten in den Weg. Zwar erschiene es methodisch noch relativ einfach, wenn man von einer empirischen Analyse geschehender Erziehungsprozesse her danach fragen würde, welche Funktion Glaubenshaltungen oder religiöse Institutionen dabei faktisch ausüben — wenn es auch angesichts einer ins Unendliche ausdifferenzierten profanen und religiösen Gesellschaft und einer beachtlichen Vielfalt psychologischer und soziologischer Methoden nicht einfach sein dürfte, zu generellen Ergebnissen zu kommen, die den Wert von Leerformeln übersteigen.

Viel schwieriger stellt sich das Problem, wenn nach pädagogischen Implikationen, Konsequenzen und Ansprüchen christlicher Glaubenslehre selbst gefragt werden soll. Denn sosehr die christliche Theologie bemüht ist, ihre Aussagen allgemein verständlich und verbindlich zu machen, sosehr sie von humanwissenschaftlichen Methoden und Erkenntnissen Gebrauch macht, so hat sie doch traditionell das Privileg einer Normensetzung sui generis gegenüber aller nur „natürlichen" Lebens- und Weltorientierung für sich reklamiert. Und eben diese Eigenart der Theologie hat es immer wieder erschwert, wenn nicht unmöglich gemacht, eine gemeinsame Ebene der Kommunikation, einen gemeinsamen Verstehens-

---

* Für den ersten Abschnitt sei verwiesen auf W. Lohff: Der Erziehungsauftrag der Kirche, in: I. Röbbelen: Zum Problem des Elternrechts, Heidelberg 1966, S. 258 ff. Eine ausführliche Darstellung der Grundfragen christlicher Anthropologie, die im 4. Abschnitt erörtert werden, befindet sich in Vorbereitung.

raum zwischen Theologie und nicht-theologischen Disziplinen, zwischen Glaubenslehre und allgemeiner menschlicher Weltorientierung herzustellen. Die Folge ist, daß mit anderen Bereichen auch die Pädagogik sich von den Problemhorizonten der Theologie fortschreitend emanzipierte und in einem Kampf um die Eigenständigkeit der Erziehung die Theologie aus dem Bereich der für sie relevanten Probleme ausschloß oder allenfalls in einen Hintergrund „unverbindlicher Maßgeblichkeit" verwies.

Wovon die Rede ist, läßt sich beispielhaft belegen an theologischen Äußerungen der letzten Generation. Am deutlichsten erscheint der genannte Anspruch der Theologie in maßgebenden Äußerungen der *römisch-katholischen* Kirche. Die Enzyklika Divini illius Magistri (1929) stellte das Erziehungsrecht der Kirche ausdrücklich auf den zweiten Platz zwischen Elternrecht und Staatsrecht und begründete es auf den Lehrauftrag Christi (Mt. 28,18) und auf die übernatürliche Mutterschaft der Kirche. Aufgrund der Offenbarung verfügt die Kirche über das wahre Wirklichkeits- und Zielbild des Menschen. Sie besitzt damit die ausgezeichnete Fähigkeit, die Normen aller Erziehung festzustellen.

Wohl wird die Erziehung dabei zunächst als Geschehen im Bereich der allgemeinen Natur verstanden. Die Wertordnungen, welche Erziehung leiten, sind der natürlichen Vernunft einsichtig, nicht Gegenstand der Glaubenslehre. Und das primäre Erziehungsrecht liegt (aufgrund der natürlichen Zeugung) bei den Eltern. Wesentliches Ziel der Erziehung ist die Gewissensbildung, sie setzt Glaubens- und Gewissensfreiheit des Einzelnen voraus. Der Einfluß der Kirche auf die natürliche Erziehung ist hierbei subsidiärer Natur. Sie stellt die angemessenen Kriterien für die rechte Gewissensentscheidung fest. Aber indem der Gehalt der Gewissensbildung von der Kirche im Zusammenhang ihrer Glaubenslehre festgestellt wird, gewinnt die Glaubenslehre Einfluß auf die Gestalt der Erziehungswirklichkeit. Und so konnte die Konfessionalisierung der Erziehung gerade als Konsequenz eines derart gefaßten Prinzips der Gewissensfreiheit erscheinen.

Gleichzeitig zielt die Wirksamkeit der Glaubensverkündigung aber auf die übernatürliche Erhöhung des Menschen

durch die Mitteilung des Gnadenlebens. In diesem, grundlegend in der Taufe, wird der Mensch der erbsündlichen Gefallenheit des Menschengeschlechts entnommen, in ein neues Heilsleben aufgenommen, obwohl die äußeren Folgen der Sünde in der Natur des Menschen weiter bestehen. Ihrer Bewältigung hat dann die christliche Erziehung zu dienen. Sie richtet sich auf die „Vergöttlichung der menschlichen Natur, auf ein übernatürliches Vollendungsziel in der Angleichung an das Wesen Christi“. Subjekt dieser Erziehung ist freilich Gott. Menschen können nur Mithelfer der Gnade sein. Sie sind es im Rahmen der kirchlichen Gemeinschaft, die in ihren Institutionen „Erziehungsanstalt“ ist. Bußsakrament und Eucharistie können geradezu als „Erziehungssakramente“ verstanden werden (14, II, 1137)*. Sofern deren Verständnis in der Glaubenslehre festgelegt wird, setzt deshalb die Glaubenslehre auch die Normen von Erziehung.
Die traditionellen Verhältnisbestimmungen von Glaubenslehre und Erziehung in der *protestantischen Theologie* sind so einhellig nicht. Gemeinsam ist ihnen gegenüber der römisch-katholischen Theologie die durch die reformatorische Rechtfertigungslehre vorgegebene scharfe Trennung von Natur und Gnade. Die natürlichen Kräfte sind wegen der Verderbnis des Menschen aus der Heilsaneignung gänzlich ausgeschlossen. Allein in dem immer neuen Empfang des Evangeliums als der Verkündigung der bedingungslosen Annahme des Glaubenden durch Gott kann sich der Mensch das Heil aneignen. Das hat einerseits zur Folge, daß die Erziehung eine größere Freiheit gegenüber dem kirchlichen Handeln gewinnt: wie alles Handeln bewegt sie sich im Raum des natürlichen Menschseins. Es bedeutet andererseits, daß die Möglichkeiten der Erziehung im Blick auf die heilsame Gestaltung des Lebens ungleich skeptischer beurteilt werden als in der römischen Tradition. Erziehung befindet sich allemal im Bereich der unerlösten Menschheit. Auch hier beansprucht die Glaubenslehre für die Erziehung normgebende Funktion: sie bestimmt ihre Möglichkeiten und Grenzen.

---

* Zu den hier und im folgenden in Klammern angeführten Nummern s. das Literaturverzeichnis.

Im einzelnen hat dieser Ansatz verschiedene Ausarbeitungen gefunden, die hier kurz umrissen werden sollen, weil sie, wie neuere Untersuchungen zeigen, das Selbstverständnis des Menschen im Raum protestantischen Glaubens immer noch weitreichend bestimmen (vgl. 3, 158 ff).

a) Die *klassisch reformatorische* Konzeption deutet die Erziehung mit Hilfe der Lehre von den drei Ständen (Lehrstand, Wehrstand, Nährstand). Die Glaubensverkündigung (Lehrstand) weist die politischen Gewalten zum rechten Gebrauch des ewigen natürlichen Gottesgesetzes an, soweit es die „äußere Disziplin" angeht. Natürliche Erziehung kann nur diesen Gehorsam des Menschen gegen das Sittengesetz zum Ziele haben. Ihre Notwendigkeit wird geradezu aus der sündigen Verderbnis des Menschen hergeleitet. Daraus resultiert ein gesetzlich autoritäres Verständnis der Erziehung („äußere Zucht und Gehorsam"). Neben der Einschärfung des göttlichen Willens im Gesetz hat die Glaubensverkündigung nun aber auch die Heilsbotschaft des Evangeliums auszurichten und die Sakramente zu spenden. Zwar ist jede Mitwirkung des Menschen im Heilsgeschehen ausgeschlossen — und damit jede Erziehung, die das Heil zum Ziel haben könnte. Wohl aber ist es möglich, durch erzieherische Maßnahmen den Menschen an den Ort zu bringen, an dem er die Verkündigung des Heils hören kann. Der Mensch kann, einem Topos altprotestantischer Predigt zufolge, ins „Wirtshaus" oder zur „Kirche" gehen, und zugleich kann derjenige, der die Heilsverkündigung empfängt, angewiesen werden, wie er dem heilbringenden Glauben gemäß leben soll. In diesem Sinne vermag die Erziehung der Glaubensverkündigung dann sehr wohl zu dienen, indem sie das Menschenverständnis des Glaubens zum Rahmen und zur Richtlinie ihrer eigenen Intentionen macht. Die Unterweisung im Katechismus wird dann zum Zentrum der Erziehung, die freilich nichts anderes als eben Einweisung in die Überlieferung der Glaubenslehre darstellt.

b) In der *Neuorthodoxie* unseres Jahrhunderts (K. Barth u. a.) wird die zweischichtige Betrachtung des Menschen (Mensch der Natur — Mensch der Gnade), wie sie der römischen und der reformatorischen Konzeption zugrunde lag, abgelehnt. Das Vorhandensein eines natürlichen Wesens des Menschen und eines ewigen göttlichen Gesetzes werden bestritten. Der Mensch erscheint vielmehr eingefügt in einen undurchschaubaren Wandel seiner Geschichte. In dieser Geschichte bedeutet freilich die Menschwerdung Gottes in Jesus Christus das grundlegende Heilsgeschehen, an dem alles menschliche Handeln auszurichten ist. So wird der Gottmensch Jesus Christus selbst die Gestalt, an der die Bestimmung des Menschen und somit auch die wahre Erziehung urbildlich angeschaut werden kann („christologisches" Verständnis des Menschen) (1,5 ff). Die Erfahrung der Geschichtlichkeit des Menschen wird also durch die Ableitung des Menschenbildes aus der Christologie alsbald wieder zugedeckt. Die Glaubenslehre hat grundlegend informatorische Funktion für das erzieherische Handeln. Nur weil sie das Bild des wahren erzogenen Menschen vermittelt, kann Erziehung ihren Dienst recht tun. Der Anspruch der Glaubenslehre erscheint gegenüber der altprotestantischen Konzeption gesteigert, weil hier nicht auf eine natürliche Erkenntnis des Gesetzes (als Norm der Erziehung) Bezug genommen werden kann. Zwar gibt es keine Erziehung zum Heil, wohl aber gibt es rechte Erziehung allein „vom Evangelium her", d. h. dort, wo die Bestimmung des Menschen aus der Glaubenslehre erkannt worden ist.

c) Von dieser Konzeption unterscheidet sich die *alt- und neupietistische* dadurch, daß sie die Wirklichkeit des „neuen Lebens" aus der göttlichen Gnade zum Gegenstand erzieherischen Denkens und Handelns macht. Rechte Erziehung muß geschehen aus der Kraft des neuen Lebens im Erzieher, und sie richtet sich auf die Erweckung neuen Lebens im Zögling durch seine „Bekehrung". Die Lehre von der sündigen Verfallenheit des Menschen hat hier nicht die Bedeutung, die Erziehung auf den äußeren „natürlichen" Bereich zu begrenzen. Vielmehr traut man es der Kraft des bekehrten und „wiedergeborenen" Erziehers zu, daß sie die Sünde des Zöglings überwindet und ihn bekehrt. Das Heilsgeschehen wird selbst zum Erziehungsziel, die Glaubenslehre übt einen starken ideologischen Druck auf die Erziehung aus. In der Bekehrungserziehung muß der natürliche sündige Wille des Zöglings „gebrochen“ werden, damit dieser sich den Mächten des Glaubens ausliefert. Die christliche Klugheit steht nicht mehr neben der weltlichen Klugheit, sondern macht sie überflüssig, weil sie alles zum zeitlichen Leben Notwendige einschließt.

Die pietistische Konzeption wirkt sich aus in einer Reihe von Konzeptionen christlicher Erziehung, denen gemeinsam ist, daß sie im Gegensatz zu bloß „profaner“ Erziehung ein weltanschaulich fundiertes oder methodisch auf den Glauben begründetes Erziehen als das allein dem offenbarten Wesen des Menschen entsprechende ansehen. „Christliche Erziehung“ in diesem Sinne findet sich einmal dort, wo im Neuprotestantismus die christlich-religiöse Persönlichkeit als Erziehungsziel gesetzt wird. Sie findet sich in anderer Weise dort, wo die Angemessenheit der Erziehung von der Anwesenheit einer „Dimension Gott“ abhängig gemacht wird, schließlich aber auch dort, wo allein der Erzieher als Träger christlicher Haltung geeignet erscheint, die Erziehung überhaupt oder bestimmte Aufgaben (etwa Integration des Menschen angesichts des „gegenwärtigen Verfalls“) zu leisten.

d) Allen bisher erörterten Konzeptionen ist gemeinsam, daß sie in der Bestimmung des Verhältnisses von Glaubenslehre und Erziehung von einer unbefragt geltenden Überlieferung christlicher Glaubenslehre ausgehen und in ihren Horizont Erziehung einordnen. Infolgedessen können die konkreten Phänomene menschlicher Entwicklung im Erziehungsprozeß nur unter den Bedingungen des Menschenbildes der Glaubenslehre in den Blick kommen bzw. werden von diesen verdeckt. Denn das Menschenbild der Glaubenslehre ist von hoher Abstraktheit. Der „homo theologicus“ der Glaubenslehre stellt, anthropologisch gesehen, nur das Bild dar, das die dogmatischen Lehrer der Kirche vom Menschen schufen. Es ist das Bild von Erwachsenen, das diese angesichts religiöser Erfahrung von sich selber gewannen (Augustin, Luther). So ist nicht ohne Recht gesagt worden, in der theologischen Anthropologie fehle das Kind überhaupt und damit der genuine Zugang zum Problem der Erziehung. Die Weise, in der traditionsgeleitete Zeiten Kinder als kleine Erwachsene kleideten, mag das veranschaulichen.

Zugleich ist aber nun im Zusammenhang der neuzeitlichen Selbsterfahrung des Menschen fraglich geworden, inwiefern eine unbefragt geltende Überlieferung den Menschen in seiner Subjektivität überhaupt zu bestimmen vermag. Davon wird noch zu reden sein. Im Zusammenhang dieser Erfahrung ist das Recht auf eine persönliche, der jeweiligen Lebenswirklichkeit Rechnung tragende Glaubensvergewisserung betont worden, die ihre Gehalte nicht mehr einfach mit denen einer objektiv für alle Zeiten geltenden dogmatischen Glaubenslehre zu identifizieren vermag. Dies geschah zunächst im Raum des Protestantismus, es setzt sich aber neuerdings auch immer stärker im Katholizismus durch. Wo diese Erfahrung ernstgenommen wird, müssen daraus auch Konsequenzen für das Verhältnis von Glaubenslehre und Erziehung gezogen werden.

Zunächst ist die Selbständigkeit „profaner" Erziehung gegenüber der Glaubenslehre aus theologischen Gründen, vom reformatorischen Glauben her entfaltet worden (Hammelsbeck, 11,27ff.). Glaube erscheint in der Reformation nicht als Glaube an dogmatische Sätze, sondern als Vertrauen auf die Zusage des Heils in der Glaubensverkündigung der Kirche. Durch solchen Glauben wird der Mensch „gerechtfertigt", d. h. er empfängt das Heil. Aber er wird dadurch der natürlichen Wirklichkeit der Welt nicht entnommen. Es ist dem Glauben verwehrt, eine besondere Wirklichkeit dieser Welt als „christlich" auszugrenzen. Was der Glaube des Christen in dieser Wirklichkeit bewirkt (seine „Werke"), ist deshalb immer ein Stück „Säkularisation des Glaubens" und von anderer, profaner Wirklichkeit nicht zu unterscheiden. Auch die Überlieferung der Kirche verfällt nach dieser Konzeption ständig der „Säkularisation", so daß die Kirche ihre eigene Tradition immer wieder abstreifen muß (11,27).

Dann kann also auch die überlieferte Glaubenslehre nicht einen besonderen Raum der Erziehung begründen. Denn die Überlieferung enthält die Versuchung zu einer falschen sakralen Sicherung des Menschen. Erziehung ist demgegenüber profanes und ohne den Schutz eines religiösen Raumes zu bewältigendes Werk der Hilfe zum Menschsein. Der gordische Knoten erscheint durchgehauen: Glaubenslehre und Erziehung sind scharf voneinander geschieden. Freilich muß man fragen, ob diese Scheidung von seiten der Theologie durchgehalten werden kann, wenn man nicht auf Glaubenslehre ersatzlos verzichten will. Tatsächlich geschieht dies hier nicht. Denn zugleich stößt man hier auf die Behauptung, daß eben diese reine Weltlichkeit der Erziehung nur im rechten Glauben „vom Evangelium her" eingesehen werden kann. Und Evangelium wird verstanden im Sinne der „ewigen Wahrheiten der Bibel über den Menschen" (11,14). Die „Weltlichkeit" der Erziehung ist dann offenbar nicht rein gedacht im Sinne eines allgemeinen Begriffes von Welt, sie steht vielmehr unter dem Vorbehalt der Glaubenslehre, ist nur im Glauben „rein". Damit aber ist das Problem der Beziehung von Glaubenslehre und Erziehung eher verdrängt als geklärt. Die Folge dieser strengen Scheidung ist vielmehr, daß eine scheinbar konsequent „weltlich" verstandene Erziehung unvermittelt neben dem dogmatischen Anspruch steht, echte Weltlichkeit sei nur im Glauben möglich. Die Folge dieser Immunisierung des Glaubens gegen seine weltlichen Gehalte ist, daß neben einer profanen Erziehung dann eine isolierte und autoritäre „evangelische Unterweisung" als Einweisung eben in die Glaubenslehre zu stehen kommt (vgl. 29, 188 ff).

e) Diese Schwierigkeit wird vermieden, wenn die Theologie ihren Ausgang von der reinen, unbegründeten Vorfindlichkeit der Erziehung nimmt (21,47). Erziehung erscheint dann als menschliches Urphänomen, sie ist „weltlich" nicht erst vom Glauben her, sondern kraft ihrer Begründung im Menschsein. Von daher ist eine unbefangene Sicht des Verhältnisses von Glaubensverkündigung und Erziehung möglich. Die Verkündigung trifft den Menschen als Person, öffnet ihm als Person die Teilnahme am Heilsgeschehen. Sie gewährt dem Menschen, der sich selbst im Lichte der Verkündigung versteht, ein neues Selbstverständnis auch in seiner profanen Existenz. Die Glaubensverkündigung gibt dem Erzieher also die Möglichkeit, die „weltlich" und „sachlich" erfaßten Phänomene der Erziehungswirklichkeit nachträglich im Lichte des Evangeliums zu interpretieren — und dadurch wird u. U. auch eine bessere „weltliche" Erfassung der Erziehungsphänomene möglich. Das nachträgliche theologische Verständnis der Erziehung hat nicht die Folge, daß durch es der weltliche Charakter der Erziehung irgendwie verändert wird. Der einzelne „Erzieher als Christ" (H. Kittel) mag hierdurch einen neuen Horizont seiner pädagogischen Verantwortung gewahren. Eine direkte Beziehung von Glaubenslehre und Erziehung findet nicht statt.

Aber ist diese konsequente Scheidung wirklich durchführbar, ist sie mehr als ein bloßes Postulat? Die Geschichte der Erziehung weist jedenfalls unübersehbar darauf hin, daß die Kirche auch und gerade durch ihre Glaubenslehre auf die Erziehung und auch auf die Begründung von Erziehung einen weitreichenden Einfluß gewonnen hat. Die Pädagogik muß deshalb mit der Wirksamkeit der Glaubenslehre im Erziehungsfeld immer noch rechnen, nicht nur in den kirchlichen Institutionen, sondern verborgener und wirksamer in der Motivation des Erziehers weit über den Raum der manifesten Kirchen hinaus. Denn vom Pädagogen gilt: Die vorwissenschaftlich erfahrene Wahrheit verläßt ihn nicht, wenn er in den Bereich wissenschaftlicher Betrachtung und Forschung übergeht (7,31). Glaubensmotive gehen in die Erziehung ein, denn „Erziehung ist nur möglich in Lebenskreisen, die durch einen Konsensus über das Daseinsverständnis in sich geeinigt sind" (7,33). Erziehung kommt unter den Bedingungen neuzeitlicher Subjektivität über Wachstums- und Anpassungshilfen hinaus nur dort zum Ziel, wo sie dem Erzogenen zur Selbstfindung verhilft, zur „Auslegung seiner eigenen Bestimmung innerhalb einer auszulegenden sozialen und natürlichen Wirklichkeit" (26,II,633). Diese Selbstauslegung ist angewiesen auf die immer schon geschehene Auslegung der menschlichen Wirklichkeit in einer bestimmten gesellschaftlichen Situation. Zu dieser gesellschaftlichen Situation gehört aber auch die Überlieferung der Glaubenslehre, und zwar nicht nur dort, wo Menschen sich ausdrücklich als Glaubende im Sinne der dogmatischen Überlieferung der Kirchen bekennen, sondern weit darüber hinaus. Es sind nämlich

Wertnormen der Person (betreffend das Verhalten des Menschen zu sich selbst) und des gesellschaftlichen Verhaltens tiefgreifend von der christlichen Überlieferung bestimmt (etwa in den Begriffen: Gewissen, Verantwortung, Leistung, Mitmenschlichkeit, Liebe). Diese Normen sind zum Teil so tief internalisiert, daß ihr Bezug auf die christliche Glaubenslehre vergessen sein kann, ohne daß ihre Wirksamkeit davon beeinträchtigt wird. Auch wenn es schwer oder gar unmöglich sein dürfte, diese Wirksamkeit der Normen empirisch zwingend aufzuweisen (die wenigen Arbeiten zur Sozialpsychologie der Religion können das belegen), so kann das Verhältnis von Glaubenslehre und Erziehung befriedigend nur dann erörtert werden, wenn der ganze Bereich der Folgewirkungen der Glaubenslehre bedacht wird. Abstrakte theologische Verhältnisbestimmungen wie die von „weltlichem" und „glaubendem" Handeln, von „Verkündigung" und „Erziehung" usw. sind für die Aufklärung der realen religiöspädagogischen Wirklichkeit deshalb wenig hilfreich, weil sie die gesellschaftliche Vermittlung und Wirksamkeit von Glaubenslehre unberücksichtigt lassen.

Eine andere Frage ist, ob es dem theologischen Bedürfnis nach Legitimierung des Glaubens genügen kann, die tatsächliche Wirksamkeit von Glaubenssätzen aufzuweisen. Denn herkömmlich ging es Glaubenslehre und Theologie ja nicht um den Aufweis faktischen Glaubens, sondern um kritische Begründung des „rechten" Glaubens. Über die Weise, wie das geschehen könnte, besteht in der gegenwärtigen Theologie weniger Konsensus als je zuvor. Immerhin, darin sind fast alle einig: Die bloß autoritative Bezugnahme auf die dogmatischen Lehrentscheidungen der Vergangenheit ist zur Begründung gegenwärtigen Glaubens nicht hinreichend. Die Überlieferung der Glaubenslehre bedarf vielmehr selbst der Begründung, und diese kann nicht geleistet werden, ohne daß die gesellschaftliche Funktion der Überlieferung mitbedacht wird. Eben damit steht aber auch die Funktion der Überlieferung des Glaubens für die Erziehung erneut zur Diskussion.

2. Die Situation des Christentums in der modernen Gesellschaft

Die Geschichte des Christentums zeigt, daß Theologie eine Funktion des vorhergehenden Lebens des Glaubens darstellt. Nicht Theologie steht am Anfang, sondern religiöse Praxis. Theologie erscheint als Reflexion der vortheoretischen Praxis des Glaubens mit dem Ziel, sie zu legitimieren und kritisch zu klären. Die Praxis des Glaubens aber ist ein gesellschaftliches Geschehen. Das gilt auch angesichts der Tatsache, daß große Theologen die Glaubensverkündigung entscheidend bestimmt haben. Sie taten es im Horizont der Gemeinschaft, und ihre Bedeutung für die Geschichte des Christentums ist darin begründet, daß sie Anerkennung fanden. Der Verbindlichkeitsanspruch der Theologie ist ein Derivat der Unbedingtheit des Glaubens, und er wird nur evident, wenn er von dieser Basis getragen bleibt. Solange und soweit die christliche Glaubensüberlieferung die Gesellschaft (zumindest manifest) im ganzen bestimmte, konnte der Verbindlichkeitsanspruch der Theologie nicht grundlegend bestritten werden. Heute kann davon nicht mehr die Rede sein.

Das Verhältnis der modernen Gesellschaft zur Religion ist von tiefer Ambivalenz (16,9ff.). Das läßt sich exemplarisch gerade an der Krise des Anspruches der religiösen Institutionen auf die Gestaltung der Erziehung und nicht zuletzt am Religionsunterricht aufzeigen. Religionsunterricht an der öffentlichen Schule ist ein Testfall, an dem sich die Problematik der Rolle der Religion in der modernen Gesellschaft besonders deutlich aufweisen läßt. Denn dieser Unterricht ist zum einen von den Institutionen der Gesellschaft eingerichtet. Darin spricht sich ein Vorverständnis von der Bedeutung der Religion für die Gesellschaft aus. Die gleichen Institutionen sind aber offenbar hilflos angesichts der Aufgabe, diesen Unterricht verbindlich zu gestalten. Sie weisen diese Aufgabe den „Religionsgemeinschaften“ zu. Diese wiederum sind, wie die Krise des Religionsunterrichts zeigt, nur schwer in der Lage, ihre „Grundsätze" in einer Weise zu interpretieren, daß sie dem gegenwärtigen gesellschaftlichen Bewußtsein noch einleuchten. Offenbar werden in den Auseinandersetzungen des letzten Jahrzehnts dabei verschiedene Standpunkte vertreten, die auf eine Ungleichzeitigkeit der Bewußtseinslage hinweisen.

In der Verschiedenartigkeit der Argumentation zeigt sich die Schwierigkeit gegenwärtiger Theologie, ihrer Legitimationsaufgabe gegenüber der überlieferten Glaubenslehre nachzukommen.

a) Die Krise des Religionsunterrichts entsteht heute weitgehend durch das Scheitern der Theorien der letzten Generation. Dahinter verbirgt sich die Aporie einer bestimmten religiösen und kulturellen Haltung überhaupt: der konservativen Kulturkritik im deutschen Sprachraum. Ihre Einschätzung der Religion wirkte sich so aus, daß von der Theologie autoritäre Vorstellungen von verbindlichen Traditionen verlangt wurden. Worin aber sollte diese Autorität eigentlich begründet sein? Am nächsten lag es, und das ist erstaunlicherweise weithin geschehen, an die voraufklärerische Denkart anzuknüpfen. Das Verächtlichmachen der Aufklärung ist ein Menschenalter lang allgemein geübt worden und hatte zur Folge, daß die Vorstellungen vieler Menschen von der Rolle der Religion trotz ihrer Inanspruchnahme der technischen Welt bei der Aufklärung noch nicht angekommen sind. Wie aber ist die Stellung der Religion in der Gesellschaft dann zu verstehen? Die voraufklärerische Gesellschaft war grundlegend autoritätsgeleitete Gesellschaft, verfaßt in der Autorität der religiösen Tradition. Die Kirche stellte den „Lehrstand", der über die Ziele, Forderungen, Bedingungen rechten menschlichen Lebens informierte und wachte. Und tatsächlich vermochte sie bei der unentwickelten Öffentlichkeit der Gesellschaft, bei dem geringen Ausmaß öffentlicher Kommunikation, dieser Funktion von den Kanzeln der kleinen Gemeinwesen her auch durchaus gerecht zu werden.

Man sollte meinen, daß diese Rolle der religiösen Tradition in der modernen Öffentlichkeit nicht mehr konfessionell bestimmter Staaten vergangen ist. Aber Gesetzgebung und Rechtsprechung orientieren sich weiterhin an den christlichen Normen. Zwar geschieht dies unter dem Gedanken des Ausgleichs von Gruppenansprüchen im Rahmen einer pluralistischen Gesellschaft — aber die Großkirchen genießen dabei klare Privilegien. Und auch die Kirchen selbst meinen weiterhin, die Grundsätze angemessenen menschlichen Lebens der Gesellschaft autoritativ vermitteln zu können in Hirtenworten und Denkschriften. Es ist deshalb nicht unverständlich, wenn auch der Religionsunterricht weithin von dem Anspruch getragen wurde, gegenüber den Realfächern die Normen des gesellschaftlichen Lebens aufgrund der Autorität religiöser Tradition vermitteln zu können. So hält sich die autoritätsgeleitete Einstellung unterhalb der Schwelle der Reflexion in gewohnheitsmäßigen Einstellungen durch. Es kann angesichts dessen nicht verwundern, daß auch in der Theologie selbst die Überlieferung weithin als unbefragt geltender Horizont des Denkens vertreten ist.

b) Zugleich ist deutlich, daß die moderne Gesellschaft in ihrem Gefüge darauf beruht, daß nicht unbefragt gültige Traditionen und Institutionen bestimmend sind, sondern daß zweckrationale Systeme entworfen werden, die menschliches Leben in immer größerem Umfange gestalten. Die Entwicklung der technischen Zivilisation richtet sich nicht nach religiösen Autoritäten, sondern nach dem, was durch die Rationalität des jeweiligen Projektes gefordert wird: nach Analysen, Experimenten, Plänen. In ihnen vollzieht sich fortwährend eine „Emanzipation" von bloß „naturwüchsigen" Traditionen. Diese Emanzipation ist in den Apparaten technischer Produktion selbst institutionalisiert und damit unabhängig vom Bewußtsein breiter Kreise der Gesellschaft, das noch autoritativ geleitet sein mag.

Angesichts dessen aber muß die Funktion der Religion in der Gesellschaft sich wandeln. Der „mündig" gewordenen Gesellschaft kann sie nicht mehr unbefragte Horizonte des Selbstverständnisses geben. Dann aber bieten sich zwei entgegengesetzte Wege an: einmal kann die Unbedingtheit des Glaubens dazu motivieren, den alten Autoritätsanspruch der

Religion aufrechtzuerhalten, das heißt, daß die Religion sich in polaren Gegensatz zur Gesellschaft stellen muß. Unter Anknüpfung an biblisch-eschatologische Vorstellungen wird das Ende der „konstantinischen“ Synthese von Religion und Gesellschaft verkündet, die „Emigration der Kirche aus der Gesellschaft“ (J. Matthes) eingeleitet.

Wenn dieser Weg nicht beschritten wird, wenn an der Bedeutung der Religion für die Gesamtgesellschaft festgehalten werden soll, dann ist der Autoritätsanspruch der überlieferten Glaubenslehre preiszugeben. Statt sich auf die Verbindlichkeit der überlieferten Glaubenslehre ausschließlich zu beziehen, muß die Theologie prüfen, welche Bedeutung der Glaube für die Existenzprobleme gegenwärtigen Lebens, welche Bedeutung das gesellschaftliche Leben der Gegenwart für den Glauben hat.

Den beiden gekennzeichneten Wegen entsprechen charakteristisch verschiedene Weisen theologischen Denkens. Wo die Emigration der Kirche aus der Gesellschaft das Ziel ist, tritt der Glaubende in prinzipiellen Gegensatz zu Welt und Gesellschaft. Er lebt in der Spannung zwischen einer gänzlich mündigen, Gottes und der Religion nicht bedürftigen Welt und einem nichtsdestoweniger unbedingte Autorität beanspruchenden Gott. Der Christ ist Zeuge des Wortes Gottes und der Verkündigung in einer gottlosen Welt (Barth, Bultmann). Die Aufgabe der Gemeinde ist die Sendung zur Verkündigung einer eschatologischen Hoffnung, die das Unrecht der bestehenden Gesellschaft kritisiert (Moltmann), sie ist die Gemeinschaft, welche die humanisierende Aktivität Gottes in die inhumane Gesellschaft trägt, notfalls mit revolutionärer Gewalt (Theologie der Revolution). Alle diese Konzepte sind imstande, Erziehungslehren zu begründen. Freilich sind deren Ziele mit den Anforderungen der bestehenden Gesellschaft nicht vermittelt und bedürfen dessen auch nicht. Denn sie können sich ja nur auf die Bildung elitärer Gruppen kulturkritischer und revolutionärer Art richten.

Schauen wir auf die Konsequenzen, die sich von daher für eine Theorie des Religionsunterrichts ergeben, so wird der kulturkritische Aspekt betont in der Konzeption der sog.

„Evangelischen Unterweisung", in der der Lehrende ein Bekenntnis vertritt. Er hat die religiöse Überlieferung so auszulegen, daß der Entscheidungsruf zum Glauben vernehmbar wird, und er hat an die Entscheidung des Unterwiesenen zu appellieren. Für den sozialrevolutionären Aspekt ist eine analoge Konzeption kaum in Ansätzen ausgearbeitet. Wie sie aussehen muß, ist leicht zu vermuten. Die Frage freilich, ob die Gesellschaft solche Intentionen im Rahmen der öffentlichen Schule legitimieren kann, ist schwer zu beantworten. Der Widerstand von Lehrern und Schülern gegen den autoritären Anspruch dieser Konzeption ist verständlich groß — er ist desto geringer, je mehr die religiösen Gehalte sich verlieren, je mehr die Verkündigung profaner politischer Agitation weicht.
Die Konsequenz dieser Einstellung ist, daß die Glaubenslehre in jeweils wechselnder Interpretation sich zur Ideologie elitärer gesellschaftskritischer Gruppen wandelt und erzieherisch in der Ausbildung von Gruppenidentität wirksam wird. Der autoritäre Anspruch solcher Gruppen, die sich im Gegensatz zur bestehenden Gesellschaft konstituieren, hat freilich zur Folge, daß eine Legitimation ihrer Überlieferung vor einer Instanz außerhalb der Gruppe nicht in Betracht kommen kann. Fehlt damit jede Instanz kritischer Kontrolle, so droht die Gefahr immer neuer Spaltungen und Orthodoxiekämpfe, die Entwicklung der Kirche zur Sekte. Daß diese Gefahr nicht leerer Schein ist, kann die neuere theologische Diskussion zeigen.

c) Ein Ausweg aus dieser Entwicklung ist nur denkbar, wenn die Glaubenslehre unter Verzicht auf die autoritäre Geltung dogmatischer Sätze daraufhin befragt wird, was sie für das Selbstverständnis des Menschen in der Gesellschaft geleistet hat und heute zu leisten vermag. Von der Aufklärung an ist im Neuprotestantismus der Versuch unternommen worden, die Bedeutung der Religion unter den Bedingungen einer nicht mehr autoritätsgeleiteten Gesellschaft kritisch zu reflektieren und ihre Funktion für die praktische Weltorientierung aufzuzeigen. So hat etwa Hegel die Religion als Substanz des universalgeschichtlichen Prozesses der Selbstentfaltung des

Geistes begriffen. Schleiermacher deutete sie als die Macht individueller und gemeinschaftlicher Selbstintegration des Menschen. Die Bedeutung der Religion und ihrer Glaubenslehre in der Situation einer nicht mehr autoritätsgeleiteten Gesellschaft ist allgemein gesagt darin zu suchen, daß sie Motive individuellen und gesellschaftlichen Handelns erzeugt, auf die auch eine emanzipative Gesellschaft nicht verzichten kann. Die Aufgabe der Theologie aber ist es dann, diese Motive in der Glaubenslehre aufzuspüren und ihre Relevanz im gesellschaftlichen Handeln zu reflektieren.
Eben dies ist in neuerer Zeit von verschiedenen Theologen für verschiedene Vorstellungen der traditionellen Glaubenslehre geleistet worden. So hat etwa F. Gogarten die Bedeutung des Glaubens als Motiv für die Entstehung der neuzeitlich-säkularen Welt selbst aufzuzeigen versucht (10 passim). Er zeigt, wie der biblische Gedanke der Gottebenbildlichkeit des Menschen und verwandte Vorstellungen dem Menschen eine Stellung „zwischen Gott und Welt" zuwiesen, die aus der heidnischen Gebundenheit an die religiös-verehrten Mächte der Natur (Naturreligion) und der politischen Gewalten (Staatsreligion) befreite. Die „mündige Sohnschaft", in die sich der Mensch dabei gegenüber der vorfindlichen Welt versetzt fand, hat ihm religiös die souveräne Freiheit zur Weltgestaltung und Weltverantwortung gegeben. Angesichts der Schwierigkeiten, in die der Mensch mit der Bewältigung der Apparate der Weltgestaltung gekommen ist, liegt die Funktion des Glaubens darin, immer neu den Mut zur Weltverantwortung zu motivieren. In anderer Weise hat P. Tillich (32, 30) die Kraft des Christusglaubens zur Versöhnung der Widersprüche gegenwärtiger Lebensanschauung dargelegt. Der Gedanke, daß in Christus das „neue Sein" in der Geschichte erschienen ist, begründet den Glauben an die Überwindung gesellschaftlicher Entfremdung und ihrer Konflikte und stiftet Kräfte der Integration im gesellschaftlichen Leben selbst. Schließlich hat W. Pannenberg (22, 21) u. a. den eschatologischen Glauben an das künftige Heil der Welt interpretiert als die Macht der Hoffnung, die Menschen übre jeden erreichten Lebensstand hinaustreibt, der heilsamen Gestaltung menschlichen Lebens entgegen. Die christ-

liche Hoffnung hält durch den Entwurf einer versöhnten Menschheit dazu an, die Kritik des Bestehenden und die Verbesserung der menschlichen Verhältnisse unablässig weiterzutreiben.
Alle diese Versuche, die Bedeutung der Glaubenslehre anthropologisch aufzuweisen, wecken nun freilich die Frage, wie eine christliche Praxis, die sich auf sie gründet, konkret auszusehen habe. Zwei Wege erscheinen hier denkbar, die in neuerer Zeit nicht selten polemisch gegeneinander ausgespielt werden. Auf der einen Seite muß dem Umstand Rechnung getragen werden, daß die Tradition der Glaubenslehre nicht mehr umgreifende Autorität ist, sondern zunächst nichts als ein symbolischer Entwurf der Bestimmung des Menschen, der seine motivierende Kraft erst zeigt, wenn er auf die gegenwärtige Lebenssituation von Menschen bezogen wird — wenn sich erweist, was an Lebenspraxis durch ihn möglich wird. Die Bedeutung der Glaubenslehre läßt sich deshalb nicht wie in autoritätsgeleiteten Zeiten unmittelbar an den Institutionen der Gesellschaft aufweisen. Sie kommt vielmehr allein im Individuum zur Geltung, das sich aus den Vorstellungen der Glaubenslehre versteht, in ihnen seine Identität findet und seine Lebenspraxis von ihnen bestimmen läßt. Sinn der Glaubensverkündigung ist es dann, im Individuum jene Kraft der Reflexion zu erwecken, welche die motivierende Kraft traditioneller Glaubenslehren erfährt, indem sie diese auf die gegenwärtigen Lebensprobleme bezieht und ihnen entsprechend interpretiert. Als Aufgabe christlicher Praxis erscheint dann vornehmlich die Hervorbringung und Institutionalisierung kritischer Individualität und individueller Religiosität (vgl. 27 passim).
Dieser Konzeption wird von denen widersprochen, welche die Aufgabe der Glaubensgemeinschaft, biblischen Vorstellungen entsprechend, in der Sendung der Gemeinde an die gottlose Welt erblicken. Zwar ist dieser Sendungsauftrag oft genug sakramental und klerikal mißdeutet worden. In der nachchristlichen Welt aber scheint sein ursprünglicher Sinn in neuer Form hervorzutreten. Die christliche Gemeinde soll sich wieder als „Vorhut einer neuen Menschheit“ begreifen. Ihre Aufgabe liegt dann in der Bildung progressiver gesellschaftlicher

Gruppen. In der säkularen Welt hat sie für die durch die technische Zivilisation bedrohte Freiheit des Menschen einzutreten, ihre Sendung ist emanzipatorischer Art. Ihre Glaubenslehre bedarf dann der Fortbildung zur kritischen Gesellschaftstheorie in emanzipatorischer Absicht. Dieser Aufgabe aber würde durch die Institutionalisierung kritischer Religiosität nicht genügt (beispielhaft: 6; vgl. auch schon 30,311).

Dennoch läßt sich dieser Widerspruch unseres Erachtens auflösen. Denn angesichts dessen, daß eine unbefragte Leitung durch autoritative religiöse Tradition nicht mehr besteht, kann die motivierende Kraft der Glaubenslehre immer nur auf dem Wege über die Selbstauslegung und Identitätsfindung des Individuums erfahren werden. Auch die gesellschaftskritische Praxis progressiver Gruppen von Glaubenden setzt die Erweckung kritischer individueller Religiosität voraus. Auf diese also muß religiöse Erziehung und Unterweisung primär sich richten, und sie kann auf keine Weise vorwegnehmen, ob diese Selbstauslegung des Einzelnen in der Tradition der Glaubenslehre wirklich stattfindet, wenn sie nicht, hinter die Erfordernisse der Gegenwart zurückfallend — die dogmatische Tradition wieder in autoritärer Weise geltend machen will.

Das hat seine Konsequenzen für den Religionsunterricht. Er muß auf alle Fälle bei der Lebenssituation des Schülers einsetzen, er hat sie aufzuklären und kann erst in diesem Zusammenhang die Tradition der Glaubenslehre als ein Angebot zur Diskussion stellen. Allein wenn im Schüler die Frage geweckt wird, wozu er gebraucht wird, kann er die andere Frage angehen, wozu er die Religion brauche. Andererseits ist zuzugeben, daß die Intentionen christlicher Praxis nicht allein auf die Erweckung individueller religiöser Haltungen zielen. Das Individuum hat sich im Zusammenhang seiner Ermöglichung und seiner Inanspruchnahme durch die Gesellschaft zu begreifen. Und die Vorstellungen der Glaubenslehre haben ihrerseits gesellschaftliche Implikationen, sie zielen nicht auf das Heil des Einzelnen, sondern der Gemeinschaft, ja der Welt. Aber sie werden in der gegenwärtigen Gesellschaft nur dort Wirksamkeit entfalten, wo sie kraft der individuellen Reflexion auf die konkrete Lebenssituation des Einzelnen hin ausgelegt werden. Nur dann wird die Glaubenslehre nicht christliche Schablonen der Weltorientierung, sondern konkrete, auf das Leben der Gesellschaft bezogene Praxis hervorrufen.

Das Gesagte steht freilich unter einem starken Vorbehalt. Neuere religionssoziologische Untersuchungen haben gezeigt, daß die Anteilnahme des überwiegenden Teils der Bevölkerung an der Kirche darauf beruht, daß sie als ein Dienstleistungsbetrieb humanitärer Aktivität verstanden wird, während die Partizipation an den religiösen Symbolen und das heißt an der Glaubenslehre immer mehr absinkt (Lohse; Kehrer). „Man kann von einer abgeleiteten Bejahung der Kirche sprechen, die in ihrer vorgeblichen Funktion der sozialen Integration beruht." „Die Überlebenschancen von Religion und Kirche in unserer Gesellschaft sind gesichert, solange jeder glaubt, daß der andere sie benötigt" (13, 192 ff.). Diese Tatsache ist zunächst hinzunehmen. Sie widerspricht freilich nicht dem hier anvisierten Weg einer Vermittlung der Glaubenslehre. Sie widerspräche höchstens dem Versuch, dogmatische Tradition zu restituieren oder in die gesellschaftskritische Praxis progressiver Gruppen umzuwandeln. Mag die Kirche weithin als „Freiraum" humaner Aktivität verstanden werden, so sind in dieser Aktivität doch eben die Motive christlicher Glaubenslehre verborgen oder offenbar wirksam. Eben daran kann man anknüpfen, wenn die erzieherische Kraft der Glaubenslehre in Frage steht. In der Einweisung in jenen „Freiraum humaner Aktivität" wird sich, wenn überhaupt, die erzieherische Kraft der Glaubenslehre für den Einzelnen neu erweisen.

Eine Überlegung zur Gestaltung christlicher Praxis in dieser Situation sei angefügt. Die verschiedenen Einstellungen zur Glaubenstradition, von denen oben gehandelt wurde: Autoritätsleitung — Gewißheit der Sendung in die gottlose Welt — kritische Reflexion auf die Leistung religiöser Tradition — sind heute nebeneinander überall dort anzutreffen, wo Themen der Religion erörtert werden, im kirchlichen Raum wie im Religionsunterricht. Eine Erörterung der Glaubenslehre wird nur fruchtbar sein, wo sie den verschiedenen Ausgangslagen Rechnung trägt. Autoritätsgeleitetes Denken wird gefragt werden müssen, was seine Vorstellungen für die Bewältigung gegenwärtiger Lebenssituationen zu bewirken vermögen, und so zu kritischer Reflexion angeregt werden. Das gilt ebenso für die Sendungsgewißheit der von persönlicher Frömmigkeit geprägten Christen. Kritische Reflexion auf Tradition aber wird dazu geführt werden müssen in vorurteilsfreier Selbstbesinnung der Motive des eigenen Handelns inne zu werden. Denn nur so erschließt sich das Verständnis für die Funktion und in eins damit für die Gehalte der Glaubenslehre. Gerade im Dialog von verschiedenen Ausgangslagen her kann sich die Bedeutung der Glaubenslehre für die Erziehung und Selbsterziehung des Lernenden entfalten.

3. Probleme gegenwärtiger Erziehung im Horizont christlicher Glaubenslehre

Wurde bisher das Problem der Erziehung aus dem Horizont der Glaubenslehre und ihrer Verwandlung anvisiert, so ist jetzt umgekehrt die Relevanz der Glaubenslehre von dem Problem der Erziehung her zu erörtern. Dieses kann hier freilich im Zusammenhang unserer Orientierung nur sehr global geschehen. Einer Einleitung P. Tillichs folgend kann im Blick auf die Geschichte der Pädagogik von drei Grundtypen der Erziehung gesprochen werden (31, 236 ff.): Einführende Erziehung, Fachausbildung, humanistische Erziehung.

Unter einführender Erziehung ist in diesem Schema zu verstehen die Einweisung des Zöglings in die Institutionen und Traditionen der Gruppe, in der er aufwächst; die Anleitung zum Teilnehmen am Geist und den Symbolen der Familie, der Gemeinde, des Volkes, der Kirche. Ihr Ziel ist nicht die Entwicklung individueller Möglichkeiten, sondern die Ausbildung der Gruppenidentität, in der die Identität des Einzelnen aufgehoben ist. Sie geschieht weithin unbewußt im Lebenszusammenhang, kann aber auch Aufgabe spezieller Institutionen (Schulen) werden, welche die Tradition interpretieren.

Fachausbildung meint dagegen die Entwicklung individueller intellektueller und praktischer Fähigkeiten unter dem Gesichtspunkt der Ausbildung zu gesellschaftsbezogener Tätigkeit in Handwerk und Beruf. Sie vermittelt nicht nur technisches Können, sondern darüber hinaus Tugenden wie Arbeitsdisziplin, Anpassung an den Gegenstand und an die Forderungen gesellschaftlicher Produktion und insbesondere werkvermittelte Kommunikationsfähigkeit.

In traditionsgeleiteten Gesellschaften sind diese beiden Weisen der Erziehung ausreichend und werden tatsächlich ausschließlich geübt. Erst wo die selbstverständliche Leitung durch die Tradition verfällt, wo Lebenserwartungen des Einzelnen ihren Anspruch anmelden, wird ein dritter Typ der Erziehung denkbar, eine Erziehung, die die Entwicklung der individuellen Potentialitäten um ihrer selbst willen: die gebildete Persönlichkeit zum Ziel hat: humanistische Erziehung. Sie schafft von der Frührenaissance an ein neues Erziehungsideal, das zunächst auf aristokratische Eliten beschränkt ist, im Laufe der abendländischen Geschichte dann aber immer weitere Schichten erfaßt. Die hier zugrundeliegende humanistische Idee, daß der Mensch als Mikrokosmos den Makrokosmos des Universums widerspiegele, bleibt in verschiedenen Abwandlungen wirksam über das bürgerliche Bildungsideal des Humanismus hinaus. Sie ist noch wirksam in der marxistischen Idee einer freien Assoziation der Menschen, in der die Bedürfnisse eines jeden nach freier Produktivität aufgehoben sind, in der der Einzelne nach Belieben fischen, jagen oder kritisieren kann. (19, I, 97).

Die Eigengesetzlichkeit der Entwicklung der technischen Zivilisation hat nun freilich nicht nur die autoritative Gültigkeit gesellschaftlicher Traditionen in Frage gestellt, sie hat auch fraglich gemacht, ob die Idee der allseitig gebildeten Persönlichkeit den Erfordernissen der modernen Gesellschaft zu entsprechen vermag. Die Leistungsgesellschaft der technischen Zivilisation hat für sie je länger desto weniger Verwendung. Die Einrichtungen industrieller Produktion machen ihre Ansprüche auf dem Sektor der Bildung immer gebietender geltend. Das humanistische Ideal muß den Forderungen der Fachausbildung in den Realfächern wie in der Spezialisierung der Ausbildung überhaupt das Terrain überlassen — im Osten wie im Westen. Zwar sind in der polytechnischen Erziehung des Marxismus die Fachausbildungen in ein Konzept des marxistischen Humanismus integriert, der Vernatürlichung des Menschen und Vermenschlichung der Natur in eins intendiert (19, II, 104). In der alltäglichen Praxis jedoch müssen die Ideen humanistischer Marxisten (Schaff, Kolakowski) sich den politökonomischen Präferenzen des Systems unterordnen, was sich schon äußerlich in der Eingliederung selbst von Universitäten in Produktionsbetriebe zeigt. Die sozialistische Technokratie bestimmt die Horizonte der Erziehung.

Im Westen stehen andererseits humanistische Traditionen älterer Prägung noch in scheinbar allgemeinem Ansehen. Tatsächlich aber sind sie gesellschaftlich weithin funktionslos, sinken auf die Ebene von „Konsuminteressen höherer Ordnung" ab (Gehlen). Und schon erhebt sich auch hier die harte Forderung, die „Hinterwelt" traditioneller Bildung durch Erziehungskonzepte zu ersetzen, die den Anforderungen der technischen Zivilisation genügen (Steinbuch). Da hier der doktrinäre Rahmen einer gesellschaftlich verbindlichen Ideologie fehlt, kann sich der technokratische Geist in der Erziehung um so ungehemmter entfalten.

Erziehung tritt unter das Ziel der Ausbildung optimaler wissenschaftlich-technischer Leistungsfähigkeit im Rahmen des Systems der industriellen Produktion, und sie vermag ihre Methoden in dem Maße zu verfeinern, als sie das Erziehungsgeschehen selbst in technischen Einzelprozessen organisiert. Das Pathos der emanzipatorischen Bewegungen unserer Zeit, der Schüler- und Studentenbewegungen wie der — religiös gesehen eskapistischen — Jugend- und Hippiebewegung wird von da aus verständlich. Es bedeutet Absage an den sich verstärkenden Zwang der Leistungsgesellschaft, weil diese den Bedürfnissen individueller Selbstbestimmung und unmittelbarer menschlicher Kommunikation immer weniger Raum zu bieten scheint. Die große Frage ist jedoch, welche Möglichkeiten sich für eine gesellschaftskritische Praxis in emanzipatorischer Absicht noch bieten. Die gesellschaftliche Basis und Resonanz jener Gruppen ist denkbar schmal, sie steht in keinem Verhältnis zu ihrem Echo in den Massenmedien. Vor allem fehlt es ihnen an einer Basis der Solidarisierung, an der Symbolik, unter der die verschiedenen Gruppierungen das Ziel ihrer Praxis als Einheit begreifen könnten. Allein eine solche Symbolik würde auch die der Emanzipation, d. h. der individuellen Selbstbestimmung dienlichen Erziehungsprozesse auf allen Stufen der Reflexion zu leiten vermögen.

Hier wendet sich unser Blick noch einmal zur Glaubenslehre. Zwar hat sie geschichtlich vornehmlich der einführenden Erziehung gedient, indem sie die verbindliche gesellschaftliche Tradition bereitstellte. Und mit dem Fragwürdigwerden der Tradition ist ihre Evidenz geschwunden. Zugleich aber ist sie unter den Bedingungen der neuzeitlichen Geisteslage kritisch interpretiert worden und hat dabei wesentliche Motive emanzipatorischer Art erkennen lassen, die zuvor unter der Decke kirchlicher Autoritätskultur verborgen waren. Es ist deshalb die Frage, ob die kritische Interpretation der Glaubenslehre nicht die Grundlage einer Erziehung in emanzipatorischer Absicht zu bieten vermöchte. Trotz der desolaten Situation der Kirche auf vielen Gebieten könnte angesichts der Bereitschaft der Gesellschaft, Religion hinzunehmen, darin eine größere Chance liegen als irgendwo sonst.

Das Gesagte ist freilich dem Einwand ausgesetzt, daß die moderne Gesellschaft einschließlich ihrer Wissenschaft und Technik unmöglich als ein Derivat des christlichen Glaubens begriffen werden könne, wie es manche theologischen Säkularisationstheorien, z. B. die von F. Gogarten, versuchen. Philosophische Kritiker dieser These (Blumenberg, Habermas) haben die Frage aufgeworfen, ob das in dieser Konzeption abgeleitete (die moderne Gesellschaft) nicht vielmehr das aus sich selber zu Begreifende und dagegen das, woraus es abgeleitet wird (die Religion), das der Ableitung eigentlich Bedürftige sei. Zweifellos ist es unmöglich, die Welt der technischen Zivilisation Zug um Zug aus der religiösen Tradition herzuleiten, und mit solcher Ableitung wäre, abgesehen von kulturkritischen Lamentationen, auch wenig gedient. Vielmehr ist die Situation der Gesellschaft in ihrem gegenwärtigen Problemstand als der Horizont anzusehen, innerhalb dessen nach der Leistung der Religion gefragt werden muß. In diesem Horizont aber läßt sich zeigen, daß es sehr wohl gesellschaftliche Motive gibt, die ihren Ursprung in der überlieferten Glaubenslehre haben. So ist etwa das Ringen um den Weltfrieden zu sehen im Horizont der Hoffnung auf das Reich Gottes. Und ebenso lassen sich gesellschaftliche Probleme und Konflikte aufweisen, deren Lösung das Fortwirken von Glaubenshaltungen bezeugt: So steht die Psychotherapie in manchen Gestalten in der Nachfolge der Verkündigung von der unbedingten Annahme des Sünders (G. Künkel, G. Bally, V. Fränkel, v. a. aber in der Vorgeschichte: S. Kierkegaard vgl. S. 36). Es handelt sich dabei nicht nur um ein historisch interessantes Verhältnis der Deszendenz. Vielmehr ist zu bedenken, daß der Impetus gesellschaftlicher Praxis, beziehe sie sich nun auf den Weltfrieden oder den Bereich gelingender Kommunikation, sich nicht zwingend begründen läßt, sondern gewissermaßen „Glaubenseinstellungen“ entspricht, wie sie die religiöse Tradition immer schon erweckt hat. Die menschlichen und gesellschaftlichen Verheerungen, welche die technische Zivilisation in nichtchristlichen Religionen anrichtet, die solche Glaubenshaltungen nicht entwickelt haben, kann dafür als Beleg dienen.

Für die Erziehung ist noch ein anderes wichtiger: Die Glaubenslehre hält die gesellschaftlichen Motivationen (der Vergebung, Nächstenliebe, geschichtlichen Sendung) in einer Unmittelbarkeit präsent, die noch vor den komplizierten Differenzierungen technischer und politischer Art liegt, deren die moderne Gesellschaft zu ihrer Gestaltung bedarf. Das ermöglicht dem Individuum, unabhängig von dem intellektuellen Niveau und der Funktion, die es in der arbeitsteiligen Gesellschaft hat, an der gesellschaftlichen Bestimmung des Menschen teilzunehmen. Den Umstand aber, daß sich die Glaubenssymbole Versöhnung, Reich Gottes usw. nicht zwingend begründen lassen, teilen sie mit gesamtgesellschaftlichen Zielen überhaupt. Ihre Verifikation liegt in dem, was sie zu bewirken vermögen. Versuchen wir, von da aus die Bedeutung der Glaubenslehre für die Erziehung zusammenzufassen, so läßt sich zweierlei sagen:

Einmal: Die Symbole der Glaubenslehre üben eine Entlastungsfunktion aus. Sie ermöglichen dem Einzelnen, gelöst von seiner sozialen Rolle, an der im Glauben entworfenen Bestimmung des Menschen und der Gesellschaft zu partizipieren.

Zum anderen: Die Symbole der Glaubenslehre können eine kreative Funktion ausüben. Denn ihr Entwurf menschlicher Bestimmung vermag, ausgelegt auf bestimmte Lebenssituationen, dem Einzelnen immer neue Motivitation des humanen Einsatzes zu geben, sowohl im Bereich des personalen Lebens wie im Blick auf das Ganze der Gesellschaft.

4. Pädagogisch relevante Inhalte christlicher Glaubensüberlieferung

Im Folgenden soll versucht werden, die vorgetragenen Überlegungen im Blick auf die Glaubenslehre zu konkretisieren, indem die Bedeutung exemplarischer Aussagen des christlichen Glaubens für menschliches Selbstverständnis und ethische Praxis aufgewiesen wird. Traditionell sind es vier Problemkreise, in denen die Bestimmung des Menschen gedacht worden ist:

a) Die Glaubenslehre handelt grundlegend von einer Bestimmung des Menschen, die jedem Menschen gilt. Auf diesen Problemkreis beziehen sich die Symbole der Schöpfung.

b) Die Glaubenslehre handelt aufgrund dieser ersten Aussage über die Verfehlung dieser Bestimmung durch den Menschen und hat damit die Erfahrung der „Entfremdung" geschichtlich gedeutet und geprägt. Auf diesen Problemkreis beziehen sich die Symbole von „Fall" und „Sünde".

c) Die Glaubenslehre handelt von der Verheißung der Überwindung der Entfremdung, von der alles Bemühen um heilsame Gestaltung des menschlichen Daseins getragen sein soll. In diesen Problemkreis gehören die Symbole von „Versöhnung" und „Gnade".

d) Die Glaubenslehre handelt von der Hoffnung auf Vollendung des Menschseins und deutet damit die Erfüllung der menschlichen Bestimmung auch angesichts der Erfahrung menschlichen Scheiterns in den Grenzsituationen. In diesen Problemkreis gehören die Symbole der eschatologischen Hoffnung: „Unsterblichkeit", „Auferstehung". Voran stellen wir eine Erörterung des Offenbarungsgedankens, der oft genug in der Vergangenheit den Zugang zum Verständnis der christlichen Symbole verlegt hat.

Wenn hier und im folgenden von „Symbol“ gseprochen wird, so ist darunter zu verstehen ein sprachliches Gebilde, in dem Funktionen und Leistungen, die der Sprache eigentümlich sind, in besonderer Weise sich ausprägen. Die Sprache hat die Fähigkeit, das Hier und Jetzt einer bestimmten Lebenssituation zu überspringen, Dinge anwesend sein zu lassen, die im Augenblick real nicht vorhanden sind. Und sie hat zugleich die Fähigkeit, eine Fülle von anwesenden und abwesenden Dingen zu einem Ganzen, zu einer Welt zusammenzufassen. Sprache hat mit anderen Worten eine transzendierende und integrierende Kraft, auch wenn ich konkret mit keinem anderen spreche (2,42).
Die Sprache ist aber darüber hinaus fähig, die Wirklichkeit der Alltagswelt gänzlich zu überschreiten, Sinngebilde zu bezeichnen, die so in der Alltagswelt gar nicht vorkommen, sie übergreifen und doch zu ihr in Beziehung stehen: die Welt schlechthin, das Universum usw. Bestimmte sprachliche Gebilde nennen etwas Bestimmtes, aber verweisen mit diesem Bestimmten über alles Konkrete hinaus: auf eine Ganzheit und einen Sinn. Eben solche sprachlichen Hinweise nennen wir Symbole. Daß Glaubensaussagen symbolischen Charakter haben, damit ist hier zunächst nur dies ausgesagt, daß die Gehalte des Glaubens nicht Fakten der alltäglichen Lebenswelt repräsentieren, sondern daß sie gerade diese Alltagserfahrungen transzendieren, über sie hinausweisen auf das „Ganze“ des Lebens, seinen „Ursprung“ und seine „Bestimmung“ (Gott, Erlösung, Heil). Wiederum bedeutet das nicht, daß die Symbole sich nicht auf konkrete Alltagserfahrungen beziehen. Die Kirche als „Gemeinschaft der Glaubenden“ mag für den Einzelnen in der gottesdienstlichen Versammlung leibhaft anschaubar werden. Im Empfang der „Sakramente“ nimmt der Glaubende die Elemente in einer äußeren Handlung leiblich entgegen. Aber zugleich ist diese Erfahrung hineingestellt in einen Hinweiszusammenhang, in dem der Bereich des konkreten Gottesdienstes überschritten wird. Der Empfänger der Sakramente weiß sich bezogen auf den Ursprung aller Erfahrung und auf die heilsame Bestimmung seines gesamten Lebens wie des Lebens der von ihm erfahrenen Welt überhaupt. Das Abendmahl wird empfangen als Teilnahme

am Opfer Christi, an der himmlischen Gemeinschaft. Eben in diesem Hinweis besteht der „symbolische“ Charakter der Vorstellungen und Handlungen des Glaubens.

4.1. Der Offenbarungsgedanke

Lessing hat in seiner Schrift „Die Erziehung des Menschengeschlechts“ (1780) klassisch das Verhältnis von Offenbarung und Erziehung als das einer Analogie gedeutet. Wie die Erziehung dem Kinde zur Entwicklung seiner intellektuellen und sittlichen Selbständigkeit verhilft, indem sie ihm die Mittel intellektueller und sittlicher Lebensorientierung zunächst autoritativ in „Elementarbüchern“ darreicht, so dient die Offenbarung (vornehmlich in Gestalt der Heiligen Bücher) der „Erziehung“ des Menschengeschlechts. Dieses Verhältnis der Analogie ist zugleich ein solches der Implikation: Denn wenn die Offenbarung die Erziehung des Menschengeschlechts im ganzen leistet, dann auch die des einzelnen Kindes. Zugleich gewährt das Bild der Erziehung eine Anschauung, innerhalb deren die Gesellschaft im Zustand angefangener Emanzipation (Lessing hält sie nicht für vollendet, er muß den Zweifel an ihrer Vollendbarkeit in sich niederringen — § 81f) die bleibende Bedeutung der Offenbarung begreifen kann. Sie ist das Elementarbuch, das die Selbsterfahrung des Menschen grundlegend bestimmt hat und, wie die Erfahrungen der Kindheit, auch noch in der Phase der Mündigkeit ihre prägende Wirkung ausübt.
Lessings Konzeption wendet sich gegen den traditionellen Offenbarungsbegriff der Kirchen. In ihm wurde Offenbarung als übernatürliche Kundgabe offenbarter Wahrheiten verstanden, der sich die Vernunft des Menschen zu unterwerfen hatte, weil sie den natürlichen Erkenntnismitteln: Erfahrung und Schlußfolgerung, ein neues übernatürliches hinzufügte: die Inspiration. Die Behauptung einer Inspiration der Heiligen Dokumente bedeutet faktisch eine theologische Legitimation der autoritativ geltenden dogmatischen Tradition. Lessing hat, gestützt auf die anhebende historisch-kritische Forschung, erkannt, daß dieser Offenbarungsanspruch in der

schöpferischen Periode der Ausbildung religiöser Traditionen tatsächlich so nicht bestanden hat. Die biblischen Schriften sind im Ursprung nicht autoritative Verlautbarung, sondern Reflex geschichtlicher Erfahrungen und verstehen sich weithin selbst auch so. Die formale Behauptung einer geschriebenen Offenbarung ist demgegenüber ein Werk christlicher Autoritätskultur, und sie wurde in dem Maße verschärft, als Zweifel an dieser Autorität sich geltend machten.

Der formale Offenbarungsbegriff ist ein Spätkömmling der Religionsgeschichte des Christentums. Das kann insbesondere der Gedanke der Inspiration zeigen, auf den er sich beruft. Denn in frühen Schichten alttestamentlicher Überlieferung bezeichnet die Vorstellung vom Empfang des Gottesgeistes das Geheimnis des Schöpferischen in der Lebenserfahrung überhaupt. Gott sendet seinen Geist, so werden die Kreaturen geschaffen — nimmt er den Geist, so verscheiden sie und werden zu Staub (Psalm 104,29). Auf dem Hintergrund dieses universalen Verständnisses vom Wirken des Geistes als unverfügbarer Ermöglichung alles Lebens sind erst die Aussagen zu verstehen, in denen der Geist geschichtliche Wirksamkeit entfaltet: Gottes Geist wirkt in geschichtsmächtigen Personen: Richtern und Propheten, die die Geschichte des erwählten Volkes heilsam vorantreiben. So wird auch die erwartete Heilszeit als durch den Geist bewirkt verstanden. Messianischer König (Jes. 11,2) und Gottesknecht (Jes. 42,1) sind Geistträger. In der messianischen Zeit wird das Volk Israel durch die Ausgießung des Geistes erneuert werden (Jes. 44,3; Hes. 36,27). Diese Vorstellung wird im Neuen Testament durchgehalten. Jesus empfängt in der Taufe den Geist (Mk. 1), und die christliche Gemeinde wird zu Pfingsten durch die Geistausgießung gestiftet (Apg. 2). Die Vorstellung der Inspiration enthält in den biblischen Schriften also den Gedanken, daß der Mensch in seinem Leben überhaupt, in seiner Kreativität und besonders in der heilsamen Erfüllung seiner Bestimmung von einer unvorgreiflichen geschichtlichen Ermöglichung her lebt, in der er Gott erfährt. Die Überlieferungen der geschichtlichen Begründung heilsamen Lebens sind deshalb in besonderer Weise vom Geist getragen, sie bilden das Kriterium alles folgenden menschlichen Lebens,

und so ist es verständlich, daß der Gedanke der Inspiration speziell auf die Heiligen Schriften bezogen wurde.
Dennoch ist aus dieser Vorstellung nicht ohne weiteres die unfragbare Geltung religiöser Tradition herzuleiten. Denn im biblischen Denken, schon bei den Propheten, dann auch bei Jesus und Paulus, erfolgt zugleich die Kritik der Überlieferung im Namen des Geistes. Kriterium der Geltung heiliger Tradition ist dabei, daß sie konkret erfahrbare heilsame menschliche Gemeinschaft ermöglicht. Von daher ist die Kritik Jesu an den Überlieferungen der „Alten" bestimmt (Mt. 5, 21 ff.). Paulus aber sieht den Geist dort wirksam, wo der Einzelne sich vom Lebensgesetz der Liebe und Stellvertretung des Gekreuzigten ergreifen läßt und seine natürlichen Gaben als „Geistesgaben" dem Nächsten in der Gemeinde dienen läßt (1. Kor. 12). Der Geist erscheint hier als die Macht, die eine Gemeinschaft radikaler Kommunikation ermöglicht. In ihr wird unaufhörlich in konkreten Lebenssituationen bedacht, was dem Nächsten dient. Schließlich aber wird der Geist im biblischen Denken als die Macht verstanden, welche die Vollendung des Heils in der Endzeit herausbringt. Er ist der Geist der Totenauferstehung (1. Kor. 15, 44), er wirkt in den Glaubenden als das Angeld, das sie zu immer neuen Entwürfen ihrer Hoffnung ermutigt, das sie bestimmt, im Gebet und im Tun der Liebe der Vollendung heilsamer Gemeinschaft entgegenzugehen.
Alle drei Aspekte der Geistvorstellung müssen beachtet werden, wenn der Gedanke der Offenbarung in seiner motivierenden Kraft verständlich werden soll. Menschliches Leben ist angewiesen auf den Horizont immer schon vorgängig bestehender Überlieferung des Heilsamen — menschliches Leben ist angewiesen auf die schöpferische Kraft der Phantasie und Kritik, die in konkreten Situationen das Heilsame und der Gemeinschaft Dienliche findet und tut — menschliches Leben ist angewiesen auf die Macht des Mutes und der Hoffnung, die in Symbolen die Vollendung menschlicher Bestimmung entwirft und den Menschen in der unermüdlichen Neugestaltung der Verhältnisse vorantreibt. Von „Offenbarung" kann nur im Blick auf menschliche Praxis in allen drei Dimensionen gesprochen werden. Sie ist der zu-

sammenfassende Ausdruck der Erfahrungen, die in dieser Praxis gemacht werden. Wohl kommt der Überlieferung der religiösen Grunderfahrungen eine Priorität zu, insofern sie als eröffnender Horizont die „grundlegende“ Offenbarung darstellen, die Ursprungssituation aufzeigen, von der alle weitere Praxis ausgeht. Aber ohne die kritische Reflexion der Liebe auf das situationsgemäß Notwendige und ohne den viel berufenen „Mut zur Utopie“ kann religiöse Überlieferung nicht als „Offenbarung“ erfahren werden, wie umgekehrt die kritische Praxis und das utopische Denken ohne Zurückkommen auf überlieferte Symbole erfahrungsgemäß nicht auskommen, auch nicht in Form einer „emanzipatorischen“ Gesellschaftsphilosophie. Darauf zu verzichten vermag allein eine Technokratie, die sich der Reflexion auf die Bestimmung des Menschen konsequent enthält.

Blicken wir noch einmal zurück auf Lessings Konzept, so wird deutlich, daß er Offenbarung ausschließlich unter dem ersten Aspekt, dem der religiösen Überlieferung faßte. Das hat zur Folge, daß Lessing mit einer Situation rechnen mußte, in der die Elementarbücher erschöpft sind und in der die Menschen unvermittelt und spontan das Gute um des Guten willen tun (§ 85). Auf diese Weise aber wird übersehen, daß jede Situation ethischer Praxis gesellschaftlich vermittelt ist. Der Gedanke der Emanzipation (bei Lessing: das Gute frei um des Guten willen tun) wird hiermit abstrakt und individualistisch gefaßt. Darin spricht sich ein Harmonieglaube an die Übereinstimmung sittlich frei handelnder Individuen aus, den die moderne Gesellschaft noch weniger zu erfüllen vermag als die Gesellschaft der Aufklärung Lessings. Der aus den biblischen Überlieferungen neuinterpretierte Offenbarungsgedanke der christlichen Glaubenslehre macht demgegenüber geltend, daß die Emanzipation und die auf sie bezogene Erziehung alle drei Perspektiven im Blick behält: das Eingefügtsein aller gesellschaftlichen Praxis in die Überlieferung und die Ursprungsmächte menschlicher Kreativität — die immer neue kritische Reflexion auf das in gegenwärtiger Situation um des Menschen willen notwendige Handeln — den immer neuen Entwurf menschlicher Bestimmung, der die Lebensinteressen der menschlichen Gattung zum Ausdruck bringt und das konkrete Handeln zu orientieren vermag. Alle drei Perspektiven menschlicher Praxis offenzuhalten, das ist die Leistung, die der Offenbarungsgedanke der christlichen Glaubenslehre für die Lebensorientierung des Erziehers wie des zu Erziehenden zu erbringen vermag.

4.2. Christliches Verständnis der Bestimmung des Menschen (Schöpfung)

Das Weltbild der traditionellen christlichen Glaubenslehre ist bestimmt vom Bildgehalt der Schöpfungsberichte, die den Anfang der Bibel bilden: Der allmächtige persönliche Gott hat durch sein Wort Himmel und Erde, Land und Meer, Gestirne, Pflanzen und Tiere im Sechstagewerk ins Dasein gerufen, und zuletzt den Menschen als Krone der Schöpfung zum Herrscher über die Welt eingesetzt. Das kosmologische Wissen wurde diesem Bilde eingeordnet. Im Anfangsgeschehen der Schöpfung gab Gott auch die Gesetze und Ordnungen der Natur und der Gesellschaft und wacht fortan in seiner Vorsehung darüber, daß sie bis zum jüngsten Gerichte eingehalten werden. Mögen solche Gesetze auch, antik-philosophischer Tradition folgend, von der Vernunft eingesehen werden, ihr anfänglicher Erlaß kann nur vom Glauben erfahren werden. Schöpfung ist supranaturale Kosmologie. Die Welt aber erscheint als Bühne eines Dramas mit mehreren Akten, in dem auf die Schöpfung der Fall des Menschen, darauf Gottes Werk der Versöhnung und schließlich am Ende aller Dinge das Gericht folgt. Und weil die fundamentalen bestehenden Ordnungen der Menschenwelt — Ehe und Familie, Staat und Eigentum — von Gott anfänglich als Schöpfungsordnungen gesetzt wurden, darum dient der Schöpfungsgedanke der Stabilisierung kirchlicher Autoritätskultur. Gegen dieses geschlossene Weltbild ist die naturwissenschaftliche und gesellschaftliche Emanzipation jahrhundertelang Sturm gelaufen, und es ist ihr gelungen, die Glaubwürdigkeit der supranaturalen Kosmologie im Bewußtsein der Menschen zu erschüttern. Weder die anfängliche Erschaffung der Welt in sechs Tagen noch die unveränderliche und unantastbare Geltung sozialer Gesetze bestimmen forthin die Weltorientierung nachaufklärerischen Geistes, wiewohl restaurative Bewegungen bis in die Gegenwart die traditionellen Glaubenslehren vertreten. In einem aber ist die neuzeitliche Gesellschaft dem Schöpfungsglauben allem Widerspruch zum Trotz treu geblieben. Auch ihre Weltorientierung ist in fundamentalem Sinne anthropozentrisch. Bürgerlich-liberale und sozialistische Anschauungen kommen darin überein, daß sie den Menschen im Mittelpunkt des Weltgeschehens sehen, ihre Ziele an der Befreiung des Menschen, an seiner Einsetzung zum Herrn der Verhältnisse orientieren. So ist die geistesgeschichtlich gesehen keineswegs selbstverständliche Anthropozentrik biblischen Schöpfungsglaubens im Gegensatz zu anderen z.B. östlichen Religionen und gegen den Einspruch einzelner Philosophen auch in der nachchristlichen Welt festgehalten worden.

4.2.1. Erfahrungsgehalte des Schöpfungsglaubens

Die christliche Glaubenslehre ist dem Zerfall der supranaturalen Kosmologie zunächst so begegnet, daß sie den Schöpfungsgedanken auf die Selbsterfahrung des einzelnen Menschen bezog. Zur Selbstgewißheit jedes Menschen gehört die Einsicht: „Ich habe mich nicht selbst geschaffen". Die Wahrheit des Schöpfungsgedankens scheint dann in einem Gefühl „schlechthinniger Abhängigkeit" zu liegen, das auch noch die selbständigen Handlungen des Menschen begleitet (Schleiermacher). Solches Gefühl aber hat die Kraft einer sittlichen Motivation. Wer um die unverfügbaren Ursprungsbedingungen seiner Existenz weiß, denen er sich verdankt, bleibt bewahrt vor der Anmaßung, sich selbst oder andere Menschen oder die Verhältnisse souverän selbstmächtig schaffen zu wollen. Und er wird zugleich (um dieses unverfügbaren Ursprungs willen) die Unantastbarkeit des anderen Menschen achten. So hat schon der biblische Gedanke, daß Gott den Menschen nach seinem Bilde geschaffen hat, die Unantastbarkeit des gottesebenbildlichen Menschen für den Menschen begründet (1. Mose 9, 6). Noch in der marxistischen Maxime, daß der Mensch das höchste Wesen für den Menschen

sei, hält sich dieser Glaube durch (19, I, 24). Der Gedanke der Schöpfung wird damit zum Grenzbegriff, er bezeichnet die Grenze des Verfügbaren für menschliches Handeln.
Diese existentielle Interpretation des Schöpfungsgedankens ist geeignet, den Ort aufzuweisen, an dem die Gottesvorstellung des Einzelnen im Zusammenhange seiner Sozialisation sich bildet. Das Bewußtsein „Ich habe mich nicht selbst geschaffen", die Erfahrung, das eigene Leben einer unverfügbaren Ermöglichung zu verdanken, konkretisiert sich an den primären Bezugspersonen der Sozialisation. Vater- und Mutter-Gestalt sind die grundlegenden Anhaltspunkte der Gotteserfahrung. Die Art der Selbstfindung und Ablösung des Kindes von diesen Bezugspersonen entscheidet darüber, ob das Gottesbild als Symbol der Ermöglichung von Leben, gelöst von der Gestalt von Vater und Mutter, fortan die Weltorientierung leiten und integrieren kann oder ob das Gottesbild als Bezugspunkt einer gelösten Identitätsfindung zerbricht.
Die existentielle Interpretation des Schöpfungsglaubens hat freilich die geschichtliche und gesellschaftliche Dimension, die das Symbol „Schöpfung" im biblischen und christlichen Denken besaß, weithin verloren. Schöpfung war dort ja umgreifender verstanden worden, sie bezog sich nicht auf individuelles Selbstbewußtsein, sondern auf das Ganze der erfahrbaren Welt. Die geschichtliche Erforschung der biblischen Überlieferungen zeigte nun aber, daß in ihnen Schöpfung keineswegs nur als supranatural kosmologisches Anfangsgeschehen gedacht war. Vielmehr erscheint Schöpfung in vielen Texten unter Aufnahme altorientalischer Mythologie als Kampf der göttlichen Heilsmacht mit den Mächten des Chaos (Chaosdrache: Rahab, Leviathan: Jes. 30,7; Psalm 87,4). Solcher Kampf aber ist nicht auf die Urzeit beschränkt, er aktualisiert sich, wo in geschichtlichen Heilserfahrungen feindliche Mächte bezwungen und der Lebensraum des Menschen gegen das Chaos errungen werden. So werden der Auszug Israels aus Ägypten (Psalm 77,17 ff.) und die Heimkehr aus der babylonischen Gefangenschaft (Jes. 43,14 ff.) mit den Bildern des Schöpfungskampfes begriffen. Schöpfung und heilsam erfahrene Geschichte gehören zusammen. Von dieser Zusam-

mengehörigkeit her ist es zu verstehen, daß im Neuen Testament das Heilswerk Jesu Christi als Neuschöpfung (2. Kor. 5,17), als Vollendung der Schöpfung bezeichnet, ja, Christus selbst als Schöpfungsmittler (Joh. 1,1) bekannt wird. Seine heilsame Wirksamkeit überwindet das widerständige Chaos endgültig, schafft die heile Welt. In allen diesen Vorstellungen bezeichnet Schöpfung ein geschichtliches Machthandeln Gottes, das die bestehenden Verhältnisse umwälzt und das Lebensdienliche gegen alle Bedrohungen durchsetzt. Freilich ist dieses Geschehen dem Menschen nicht als einem unbeteiligten Zuschauer gegeben, der es passiv über sich ergehen läßt. Wohl kann er die unverfügbaren Bedingungen seiner Existenz nicht selbstmächtig setzen, er muß sie von der Schöpfermacht hinnehmen. Zugleich aber nimmt ihn das Werk der Schöpfung als Mitarbeiter in Anspruch. Zur Hinnahme der Ursprungsbedingungen seiner Existenz gehört die Bereitschaft, an der Überwindung der Verderbensmächte durch eigenen Einsatz teilzunehmen, gehören Glaube und Mut der Hoffnung, daß die Heilsmacht Gottes sich endgültig durchsetzen, daß die Schöpfung zur Vollendung gelangen wird. Damit aber wird deutlich, inwiefern das Symbol der Schöpfung die Bestimmung des Menschen nach christlichem Glauben zum Ausdruck bringt. Die Bestimmung des Menschen ist es, im Hinnehmen der unverfügbaren Ursprungsbedingungen seiner Existenz der geschichtlichen Heilsmacht zu dienen, durch welche die Verhältnisse der Menschenwelt und zuletzt des ganzen Kosmos gegen alle Bedrohungen zum guten Ziel geführt werden. Es ist die gleiche Bestimmung, an der sich säkulare Utopien und Fortschrittsprogramme im Verborgenen orientieren.

4.2.2. Der Gedanke der Gottebenbildlichkeit

Die Relevanz des Schöpfungsgedankens für menschliches Handeln läßt sich am Symbol der Gottebenbildlichkeit des Menschen (1. Mose 1,26) noch weiter kennzeichnen. Die christliche Dogmatik hat jahrhundertelang gerätselt, worin diese Gottebenbildlichkeit bestehe: in seiner Vernunft oder in einer durch den Sündenfall verlorenen ursprünglichen Vollkommenheit. Das erstere kam dem Verständnis des Menschen als „animal rationale“ in der antiken Anthropologie entgegen, das letztere erlaubte die Einordnung des Symbols in die christliche Heilsdramatik von Schöpfung, Fall, Erlösung. Wichtiger jedoch erscheint die Leistung, welche der Gedanke in der Geschichte menschlicher Selbsterfassung erbracht hat. Er bedeutet nicht weniger als die Befreiung des Menschen aus der heidnisch-religiösen Gebundenheit an Ursprungsmächte der Natur und des Blutes (Naturreligion), der kulturellen Produktion (Kulturreligion), der gesellschaftlichen Institutionen (Staatsreligion). Gegenüber der Jahrtausende währenden Stabilität menschlicher Lebensformen in den Frühkulturen, die das Leben an religiös verehrten Institutionen orientierten, wurde der Mensch durch den biblischen Glauben über weltliche Institutionen und Mächte erhoben, wurde zum Herrscher an Gottes Statt. Er empfing den Impuls, das Bestehende immer neu zu überschreiten in die offene Zukunft, die er zunächst in den Verheißungen des biblischen Gottes ergriff (1. Mose 12,1 ff.). In der Wirkung dieses Glaubens vermochte der Mensch sich als das transzendierende, das weltoffene, nicht festgestellte Wesen zu begreifen, das in keinem Bestehenden endgültige Geborgenheit findet, sondern die heilsame Gestaltung seiner Lebensverhältnisse immer noch vor sich hat und für sie Verantwortung trägt. In der Auseinandersetzung der abendländischen Kultur mit den anderen Kulturen beginnt diese Selbstauffassung des Menschen heute das Geschick der Welt zu bestimmen.

Freilich, im biblischen Glauben ist diese Selbsterfahrung des Menschen nicht abstrakt gewonnen worden. Sie entstand vielmehr als Korrelat eines Glaubens an die Verheißungen Gottes, der die Geschichte im Zusammenhang göttlicher Verheißungen sehen lehrte. Im Christentum ist der Geltungsbereich dieser Verheißungen auf die ganze Welt ausgedehnt worden, wurde der Gedanke der einen Menschheitsgeschichte konzipiert. Auch er lebt in säkularer Form in dem Glauben an die Weltverantwortung des Menschen fort, der politische und wissenschaftliche Planung heute bestimmt. Vielleicht ist es nicht überspitzt

zu behaupten, daß vom biblisch-christlichen Geschichtsdenken entscheidende Kräfte zur Integration der Menschheit ausgegangen sind und daß die außerchristlichen Kulturen an dieser Integration gerade durch ihre Beziehung zur Wirkungsgeschichte des christlichen Glaubens Anteil haben.
Wird gefragt, welche Bedeutung diese Symbole der Glaubenslehre für das Geschehen von Erziehung haben, so ist zunächst zu sagen: sofern Erziehung auf die Identitätsfindung des Kindes zielt, wird sie in dieser oder jener Weise den geschichtlich-gesellschaftlichen Horizont möglicher Identität auslegen. Die Symbole des Glaubens machen dafür ein Angebot, das die Bedingungen menschlicher Existenz und die Lebensinteressen der menschlichen Gattung im Zusammenhang der Universalgeschichte bildkräftig ausspricht. Die Bestimmung des Menschen ist dabei im Gedanken des Schöpfergottes und der Gottebenbildlichkeit des Menschen verschlüsselt. Sie besagen ein Dreifaches. Einmal: Es ist die Bestimmung des Menschen, den unverfügbaren Ursprung des Sichempfangens hinzunehmen. Denn er repräsentiert, was der Glaube als Gott den Schöpfer bekennt. Zum anderen: Es ist die Bestimmung des Menschen, den Mitmenschen als ein Gegenüber anzunehmen, das für ihn in seiner Personenwürde unantastbar ist. Denn er repräsentiert das Bild Gottes in der gegenwärtigen Erfahrung. Er setzt allem Verfügen über das Dasein eine unüberschreitbare Grenze. Niemals darf, kantisch gesprochen, der Mensch zu einem Mittel gemacht werden. Zum dritten: Es ist die Bestimmung des Menschen, die Welt als den der Verfügung übergebenen Bereich des Vorfindlichen verantwortlich zu gestalten. Diese Gestaltung findet ihr Kriterium am Ziel der Schöpfung: der Schaffung eines Lebensraums, in dem die Verderbensmächte überwunden sind. Er wird begriffen unter dem Symbol des Reiches Gottes, in dem Gott selbst als die Macht heilsamer menschlicher Bestimmung das menschliche Dasein endgültig durchwaltet. Ergreifen dieser Bestimmung geschieht, wo das Leben in den Dienst geschichtlicher Heils- und Friedensmächte gestellt wird. Ergreifen dieser Bestimmung fordert zugleich mit den Worten des marxistischen kategorischen Imperativs: „Alle Verhältnisse umzuwerfen, in denen der Mensch ein erniedrigtes,

ein geknechtetes, ein verlassenes, ein verächtliches Wesen ist“ (19, I, 24). Gewiß sind alle diese Aussagen: Bestimmung des Menschen, Verderben, Heil, Reich Gottes, von großer Abstraktheit. Sie müssen ihre Auslegung finden in der niemals allgemein zu fassenden Besonderheit menschlicher Lebenssituationen. Aber als Symbol vermögen sie die unübersehbaren konkreten Aufgaben menschlichen Lebens zu integrieren in die Aufgabe, die heute einer zusammenwachsenden Menschheit gestellt ist. Die Symbole menschlicher Bestimmung im christlichen Schöpfungsglauben bieten die Basis einer Solidarität, auf die alles Planen in der eng werdenden Welt nicht verzichten kann.

4.2.3. Anwendungen des Schöpfungsglaubens: Gestaltung der Triebnatur, Sexualität und Ehe

Es kann in diesem Rahmen nicht ausführlich gezeigt werden, wie der christliche Glaube an die Bestimmung des Menschen grundlegende Motivationen gesellschaftlichen Handelns geprägt hat. Die traditionelle Glaubenslehre erblickte in den Institutionen wie Ehe, Eigentum, politische Herrschaft Schöpfungsordnungen, die Gott mit der Schöpfung gestiftet habe und denen der Mensch bis zum Jüngsten Gericht gehorsam zu leben habe. Sie befand sich damit in Übereinstimmung mit den Gesellschaftsordnungen der frühen Hochkulturen, die vermutlich mit dem Übergang zu Seßhaftigkeit (Ackerbau und Tierhege) diese Institutionen in ihrer traditionellen Gestalt hervorgebracht hatten (8, 138 ff.). Die neuzeitliche Welt ist zweifellos im Begriff, mit dem Übergang zur industriellen Produktion auch die „Agrarmoral“ durch eine „Industriemoral“ zu ersetzen (9, 70 ff.), die grundlegend nicht mehr an der Hege des Vorgegebenen, sondern an der Produktion des gewünschten Stoffes ihr Kriterium hat. In ihrer Folge unterliegen auch die alten Institutionen kritischer Reflexion. Die traditionelle Ehe, die überkommene Eigentumsordnung, die Institutionen der Herrschaft werden nicht länger als Ermöglichung menschlichen Lebens, sondern als repressive Verhinderung seiner Entfaltung angesehen. So utopisch und theoretisch viele dieser Reflexionen anmuten mögen: die Zersetzung der Treue zu den Institutionen unter dem Leitgedanken menschlicher Emanzipation ist in ihrer Wirkung nicht zu verkennen und nicht aufzuhalten. Zumindest auf dem Gebiete sexuellen Lebens hat sie das gesellschaftliche Bewußtsein bereits weitgehend verändert. Das aber weckt die Frage, ob der biblisch-christliche Glaube, der zumindest eine Wurzel der neuzeitlichen Emanzipation darstellt, Motive und Kriterien für die Gestaltung gesellschaftlichen Lebens hervorzubringen vermag, die den Verfall der traditionellen Institutionen überdauern. Dieser Frage sei zunächst im Blick auf die Sexualität nachgegangen, die in der traditionellen Sozialethik durch die Lehre von der Ehe als erster Schöpfungsordnung gestaltet war.

Anthropologische, insbesondere tiefenpsychologische Forschung hat die fundamentale Bedeutung des menschlichen Antriebslebens für den Aufbau der Kultur aufgewiesen. Sie fand sexuelle, zumindest libidinöse Antriebe wirksam weit über das sexuelle Leben im manifesten Sinne hinaus und deutete kulturelle Schöpfungen als entstanden aus der Umfinalisierung bzw. Sublimierung libidinöser Triebenergien (vgl. für diese Interpretation Freuds vor allem H. Marcuse, 18, 17ff.). Zwar wird diese Verwandlung der Antriebe als gesellschaftliche Notwendigkeit verstanden, doch entsteht zugleich die Frage, welche Gestaltung menschlicher Kultur solche Verwandlung optimal, d. h. ohne unnötige Unterdrückung zu leisten imstande sei. Wird die menschliche Bestimmung als immer neues Überschreiten gegebener Lebensgestalten auf die Vollendung der Schöpfung hin verstanden, dann ist damit gefordert, diejenige Form gesellschaftlicher Ordnung zu suchen, in der menschliches Antriebsleben gelöst in die Ziele gemeinschaftlichen Daseins integriert werden kann. Im Blick auf das sexuelle Leben hat der biblische Glaube dabei bezeichnende Veränderungen der Eheinstitution hervorgebracht. In ihrer patriarchalischen Ausgangsgestalt war die Frau ein Besitz des Mannes, und die Ehe stand unter dem Ziel der Fortpflanzung, der Erhaltung des „Hauses“. In der Botschaft der israelitischen Propheten aber wurde die Gemeinschaft mit Gott unter dem Bilde der Ehe als ein Bund der Treue zwischen

Partnern erfahren, und diese Erfahrung veränderte fortschreitend auch die soziale Wirklichkeit der Ehe selbst. Auch die Ehe wird in der Predigt Jesu als Bund der Treue verstanden, die Frau ist nicht länger ein Besitz des Mannes, sie ist seine Partnerin. Zugleich wird die sexuelle Beziehung radikal verinnerlicht. Nicht die äußere Institution, sondern die partnerschaftliche Treue bestimmt das Wesen der Ehe. Ehebruch ist nicht im Ausbruch aus der Institution, sondern schon im Ausbleiben der Treue zu sehen (Mt. 5,28). Freilich hat die kirchliche Autoritätskultur dieses Motiv der Partnerschaft zunächst nicht zur Geltung zu bringen vermocht. Sie hat vielmehr versucht, das Ethos der Treue in gesetzlichen Ordnungen zu stabilisieren, und hat angesichts der Schwierigkeiten dieses Unterfangens eine asketische und rigoristische Einstellung zum sexuellen Leben hervorgebracht. Im Verfall der gesellschaftlichen Geltung dieser Einstellung aber tritt das Motiv der Partnerschaft neu hervor. Es besagt, daß sexuelles Leben nur dort seine optimale Erfüllung findet, wo der Partner in seiner Personwürde geachtet wird, wo der Partner in seiner Hingabe vor Verletzung geschützt wird, weil der andere Partner ihm Treue bewahrt. Die Institution der Ehe ist dann nicht der gesetzliche Zwang einer äußeren Bindung, sie bedeutet vielmehr die Anerkennung des Treuebündnisses der Partner durch die Gesellschaft. Und sie behaftet die Partner bei der Verantwortung, die sie im Eingehen ihrer Bindung für einander übernommen haben.

4.2.4. Anwendungen des Schöpfungsglaubens: Die Ordnung des Eigentums

Die traditionelle Glaubenslehre mußte die Ordnung des Eigentums aus der Gottebenbildlichkeit des Menschen herleiten, in der die herrschaftliche Verfügung über die Güter dieser Welt mit gesetzt war. In der Tat gehört es zu den Grundbestimmungen des Menschseins in neuerer Anthropologie, daß er Dinge „bei sich behalten kann“. In der Aneignung des kleinen Eigentums, der nächsten Dinge, liegt ein wichtiger Faktor der Ausbildung menschlichen Selbstbewußtseins. Eben diesen Lebensraum schützt das Verbot des Stehlens und Begehrens im biblischen Zehn-Gebot gegen die Angriffe des anderen Menschen. Dem steht gegenüber die Kritik des Mißbrauches von Eigentum in der sozialen Gerichtspredigt der Propheten und bei Jesus. Wo Verfügung über die Güter dieser Welt zur Verletzung des Mitmenschen führt, erhebt sich der Weheruf im Namen Gottes (Amos). Wo der Mensch meint, sich im Verfügen über sein Eigentum sichern und dem unaufhörlichen Zugehen auf die Vollendung der Schöpfung entziehen zu können, verfällt er dem göttlichen Gericht (Lk. 12,16 ff.).

Neuzeitliche Sozialkritik hat schärfer als die Tradition den Zusammenhang zwischen schöpferischer Produktion des Menschen und Eigentumsbildung gesehen. Erst die produktive Aneignung der Welt durch den Menschen schafft Eigentum. Dabei ist von der persönlichen Aneignung zu unterscheiden jenes Eigentum, das aus der Aneignung der Produktion anderer Menschen entsteht und das gesellschaftliche Herrschaft und Abhängigkeit begründet. Vor allem der Marxismus hat sehen gelehrt, daß solche Aneignung fremder Produktion in der Geschichte die Herrschaft von Menschen über Menschen begründete, daß aber zugleich diese Aneignung fremder Arbeit in der technischen Zivilisation nie geahnte Ausmaße der Eigentumsbildung und damit der herrschaftlichen Verfügung über andere Menschen gewonnen hat. Von daher bestimmt ist die marxistische Idee der Aufhebung des Privateigentums, seine Aneignung durch die Gesamtheit der Werktätigen, weil allein so die Herrschaft von Menschen über Menschen aufgehoben werden könne. Anstelle der Herrschaft über Menschen soll die durch die Gesellschaft kontrollierte gemeinsame Verwaltung der Sachen treten. Sofern tatsächlich die Aneignung fremder Produktion zur Ausbeutung von Menschen, zur Verhinderung menschlicher Selbstbestimmung und Emanzipation führt, entspricht die marxistische Idee dem Gedanken der Gottebenbildlichkeit des Menschen. Wo der Mensch zum Mittel wirtschaftlicher Ziele gemacht wird, statt daß die Entfaltung der schöpferischen Produktivität des Menschen das Ziel aller wirtschaftlichen Ordnung darstellt, widerspricht dies der Bestimmung des Menschen im christlichen Glauben. Die gesellschaftliche Kontrolle, ja Aneignung von Produktionsmitteln und damit der wirtschaftlichen Macht scheint notwendig, wo dem Gedanken der Gottebenbildlichkeit Rechnung getragen werden soll. Freilich erwecken die bestehenden sozialistischen Gesellschaftssysteme nicht den Eindruck, daß in ihnen die vor Fremdbestimmung geschützte menschliche Selbstentfaltung zweifelsfrei besser gewährleistet werden könnte als in der sogenannten freien Welt kapitalistischer Gesellschaftsordnungen. Die ethische Abwägung kann sich angesichts dessen lediglich auf die Frage beziehen, in welchem System angesichts der Weltlage die Chancen der Selbstbestimmung verbessert und die Risiken der Fehlentwicklung zu einer absoluten Technokratie vermindert werden können. Der christliche Glaube liefert dabei nichts als das formale Kriterium, daß die Ordnung menschlicher Gesellschaft so zu geschehen habe, daß die Mittel der Produktion den Zielen menschlicher Selbstbestimmung unterzuordnen sind und nicht umgekehrt. Unter diesem Kriterium motiviert er dazu, konkrete Verhältnisse daraufhin zu prüfen, inwiefern sie diesem Ziel entsprechen und inwiefern nicht.

4.2.5 Anwendungen des Schöpfungsglaubens
Die Ordnung der Herrschaft

Politische Herrschaft ist in der traditionellen Glaubenslehre verstanden worden als gute Ordnung Gottes, die dem Chaos und der Bedrohung des Lebens durch den Ordnungsbrecher wehrt (Röm.13). Darin ist die Erfahrung aufbewahrt, daß Herrschaft unter urtümlichen Verhältnissen allererst menschliches Leben gegen bloße Gewalt zu schützen vermochte, daß sie gerade durch die Unterscheidung legitimer und illegitimer Gewalten Rechtssicherheit schuf. So hat die traditionelle Soziallehre bestehende Herrschaft als Delegation göttlicher Macht verstanden, wenn dies auch unter dem Vorbehalt geschah, daß Gottes Herrschaft am Ende die politischen Gewalten ablösen werde. Zugleich fand freilich im biblischen Glauben menschliche Herrschaft ihr Kriterium und ihre Grenze an der Herrschaft Gottes. Herrschaft Gottes aber meinte nicht poli-

tische Gewalt äußeren Zwanges, sondern die Herrschaft jener Macht, die den Menschen dazu bestimmte, in Achtung vor seiner Gottebenbildlichkeit dem Mitmenschen gelingendes Leben zu ermöglichen. Die politischen Ordnungen der christlichen Autoritätskultur haben ungeachtet der Durchsetzungskraft bestehender Gewalten immer dieses Ziel vor Augen gehabt. Am deutlichsten wird dies an der Augustinschen Unterscheidung zwischen Weltstaat und Gottesstaat. Erst in dem letzteren wird die Gerechtigkeit, die in weltlichen Staatsgebilden immer nur fragmentarisch existiert und durch menschlichen Machtmißbrauch gefährdet ist, vollendet sein. Die Unterscheidung der zwei Reiche hat die politische Ethik der Kirche in immer neuen Ausprägungen in der Folgezeit bestimmt.
Freilich erst die neuzeitliche Möglichkeit, die politischen Verhältnisse emanzipatorisch zu verändern, konnte die traditionelle christliche Bereitschaft, bestehende politische Herrschaft als gottgegeben zu verstehen, aufheben und die Frage nach angemessenen gesellschaftlichen Ordnungen zum Problem christlicher Sozialethik machen. Der Gedanke der Herrschaft Gottes gewährt dabei zunächst wiederum nichts als ein formales Kriterium: Die Ordnung menschlicher Gesellschaft ist so zu gestalten, daß die unkontrollierte Herrschaft von Menschen über Menschen abgebaut wird, daß an ihre Stelle die alleinige Herrschaft Gottes tritt. Herrschaft Gottes aber meint die Herrschaft jener Macht, die alle Unterdrückung des Menschen aufhebt. Der Gedanke der „Theokratie“ meint deshalb nicht die Ersetzung menschlicher Gewalt durch klerikale. Daß Gott als die Macht der Bestimmung des Menschen zu freier verantwortlicher Gestaltung der Welt allein herrschen soll, bedeutet für das Verhältnis der Menschen zueinander gerade die Aufrichtung eines Bereiches herrschaftsfreier Kommunikation, aus der die gerechte Ordnung menschlicher Beziehungen hervorgehen soll. Wo solche Gestaltung Institutionen hervorbringt, müssen es Institutionen sein, die menschliche Freiheit ermöglichen. Die Institutionen, die christlicher Glaube in der menschlichen Gesellschaft schafft, nicht zuletzt die der Kirche selbst, haben das Kriterium ihrer Legitimität darin, daß durch sie menschliche Freiheit wirklich wird.

4.3. Christliches Verständnis der Entfremdung (Sünde)

Im Grunde ist mit den Aussagen zum Welt- und Schöpfungsverständnis der Glaubenslehre bereits der Rahmen dessen abgeschritten, was christlicher Glaube zum Entwurf der Bestimmung des Menschen, zum Aufweis menschlicher Lebensinteressen und zur Motivation menschlichen Handelns zu sagen vermag. Denn Schöpfung meint, wie wir sahen, nicht ein supranaturales Anfangsgeschehen der Herstellung der Welt, sie meint vielmehr geschichtliches Machthandeln, das auf die heilsame Vollendung der Welt zielt und den Menschen für dieses Ziel in Dienst nimmt. Vollendung der Schöpfung bedeutet Neuschöpfung, Reich Gottes, ewigen Frieden. Die Frage muß sich stellen, welche Bedeutung angesichts dieser Feststellung denjenigen Aussagen zukommt, die traditionell die Mitte christlicher Glaubensverkündigung ausmachen: den Vorstellungen vom Fall des Menschen, von der Herrschaft der Sünde, von der Erlösung durch Christus. Wo freilich in der traditionellen Glaubenslehre die Schöpfung auf das supranaturale Anfangsgeschehen beschränkt blieb und das Weltschicksal als Drama in mehreren Akten gesehen wurde: Fall, Versöhnung, Erlösung, stellt sich diese Frage nicht. Denn dort erscheint die heile Schöpfung als das unerreichbar Vergangene, die gegenwärtige Welt steht unter der Herrschaft des Verderbens der Erbsünde, in der Schuld und Schicksal in eins fallen. Weil der Mensch von Geburt an dem Schicksal der Erbsünde verfallen ist, muß er schuldig werden. Durch seine Schuld hält er die Kette des erbsündlichen Schicksals aufrecht. Nur in den Gnadenmitteln der Kirche ist ihm die Hoffnung gegeben, daß Schuld durch Gnade erlassen wird, daß er dem künftigen Gericht entrinnt.

Eben diese Schau der Heilsdramatik in der traditionellen Glaubenslehre ist seit der Aufklärung scharf kritisiert worden. Der Wille zur Emanzipation setzte das Zutrauen voraus, daß der Mensch dem Verhängnis nicht schlechthin ausgeliefert sei, sondern sich daraus zu befreien vermag. Die Synthese von Schuld und Schicksal im christlichen Erbsündengedanken wurde bestritten. Ist der unvollkommene Zustand der Welt Schicksal, dann bedeutet er nicht Schuld, und der Mensch ist gerufen, dieses Schicksal zu überwinden, indem er es in die eigenen Hände nimmt. Ist dieser Zustand aber Schuld, so ist erst recht die Möglichkeit eröffnet, jene Schuld im Entschluß zur moralischen Tat zu überwinden. Im Gefolge dieser Einstellung ist der christliche Sündengedanke vor allem in der Pädagogik bekämpft worden.

Die tiefgehende Skepsis gegenüber den Möglichkeiten des „erbsündigen“ Kindes hatte immer wieder einen autoritären rigoristischen Stil von Erziehung motiviert, der den Willen des Kindes zu brechen statt seine Möglichkeiten zu entwickeln sich bemühte. So konnte Diesterweg sagen, diese Lehre knicke des Menschen Natur, statt ihn zu entfalten, beraube ihn des zu jedem tüchtigen Handeln notwendigen Selbstvertrauens, ja, entmanne ihn. Und Ellen Key nannte den Gedanken der Erbsünde „den demoralisierendsten aller Glaubenssätze“.

Solchen Urteilen ist recht zu geben, insofern die Auffassung einer seinshaft vorgegebenen Schlechtigkeit des Menschen in der Tat anti-emanzipatorische Konsequenzen haben mußte, d. h. die Hoffnung auf eine Besserung menschlicher Verhältnisse bezweifelte oder verneinen ließ. Das Problem stellt sich jedoch anders, wenn das Selbstverständnis des Glaubens statt an der starren Heilsdramatik der Tradition an jenem dynamischen Schöpfungsverständnis orientiert wird, das im Vorhergehenden aufgewiesen wurde. Der Glaube an Schöpfung im Sinne geschichtlicher Heilsmacht muß ja emanzipatorische Veränderung des Bestehenden gerade motivieren. Der Mensch wird primär nicht mit der Negation eines Verderbensschicksals belastet, sondern zur Erfüllung seiner Bestimmung, zur Anteilnahme am Schöpfungskampf aufgerufen.

Dennoch behalten die Symbole des Falls und der Erlösung auch hier ihren Sinn. Denn gerade angesichts des Entwurfs menschlicher Bestimmung müssen die bestehenden menschlichen Verhältnisse der Kritik unterworfen werden. Gerade am Maßstab dieses Entwurfs gemessen, erscheinen sie als Verfehlung der Bestimmung, sei es unmittelbar im praktischen Lebensvollzug des Einzelnen, sei es durch sein schicksalhaftes Eingefügtsein in eine menschliche Gemeinschaft, die emanzipatorische Praxis verhindert. Tatsächliches menschliches Handeln rechtfertigt weder den Optimismus des Glaubens, der Mensch sei von Natur gut, noch die pessimistische Meinung, er sei von Natur schlecht. Was er wirklich ist, kann allein der Prozeß der menschlichen Geschichte selbst erweisen. Mit der Frage aber, was bestimmungsgemäßes Handeln des Menschen verhindert und was es ermöglicht, haben es die Symbole des Falls und der Erlösung zu tun. Sie enthalten deshalb Motivationen sowohl zur kritischen Reflexion auf die Hindernisse wie auf die Möglichkeiten des Menschen, seiner Bestimmung gerecht zu werden.

Daß eben hierin die Leistung der religiösen Vorstellungen von Konflikt und Entfremdung einerseits, von Versöhnung und Reintegration andererseits liegt, läßt sich am ehesten zeigen, wenn auf die Stufen reflektiert wird, in denen sich die Entfremdungserfahrung kulturgeschichtlich entfaltet hat — wobei die früheren Stufen ebenso oder gar besser im gegenwärtigen Bewußtsein aufbewahrt sind als die christliche Sündenlehre. Der Mensch der frühen Kulturen — und wie die Ethnologie zeigt: vieler Primitivkulturen der Gegenwart — erfährt sein Leben in religiösen Institutionen stabilisiert. Das Gefüge der Institutionen und Riten, die oft mythologisch gedeutet werden, ermöglicht es wie eine zweite Natur, die Antriebe des Menschen lebensdienlich zu gestalten, und darin liegt auf dieser Stufe auch die Erfahrung menschlicher Bestimmung. Sie ist Bestimmung dazu, den Institutionen gemäß zu leben. Versagen gegenüber der Bestimmung liegt dann im Verstoß gegen die Institutionen (als Ehebruch, Diebstahl, Tabuverletzung). Diese aber müssen sich dem Ordnungsbrecher gegenüber durchsetzen mit Sanktionen, oftmals mit gleichsam automatischer Reaktion (Vodoo-Tod: vgl. 3. Mose 10,1; 2. Sam. 6,3). Kulturgeschichtlich lassen sich nun von diesen Frühformen her Tendenzen zur Präzisierung menschlicher Bestimmung und damit auch zur Verschärfung der Entfremdungserfahrung aufweisen:

a) Einmal ist aufweisbar eine Tendenz zur Verinnerlichung: anstelle der äußeren Verhaltenssteuerung durch an Gegenstände oder Vorgänge geknüpfte Tabus tritt in den Hochkulturen eine Ordnung des Rechtes, die von den Mitgliedern einer Kultur verinnerlicht wird. Das bedeutet zugleich eine Humanisierung der Institutionen, die dem Ordnungsbrecher mit gestuften Sanktionen entgegentreten.

b) Es folgt zweitens eine Tendenz zur Universalisierung der Ordnung. Anstelle des institutionellen Rechts treten Systeme der Ordnung: Rechtskodices, Weisheitssammlungen, schließlich die Idee des Naturrechts und des universalen Sittengesetzes. Im Sokratischen Mythos verbindet sich damit der Gedanke eines doppelten Ausgangs des Menschenschicksals.

c) In der Überlieferungsgeschichte christlichen Glaubens wandelt sich unter der Vorstellung der geschichtlichen Transzendenz der Gottheit das Verständnis der menschlichen Bestimmung und ihrer Verfehlung noch einmal. Von der Predigt der alttestamentlichen Propheten an wird menschliche Entfremdung nicht mehr beschränkt auf die Mißachtung heiliger Gesetze und Institutionen (Thora), sie wird vielmehr nun verstanden als Ausbleiben der Treue und des Glaubens gegenüber den Heilsverheißungen Gottes. Weil aber das Kriterium menschlicher Verfehlung nicht mehr in partikularen Ordnungen und Gesetzen liegt, sondern in der heilsamen Vollendung menschlicher Geschichte selbst, darum muß auch die Entfremdung als universales Geschick erfahren werden. Es ist also nicht ein besonderer Pessimismus gegenüber der Qualität menschlicher Natur, der den christlichen Sündengedanken universell werden läßt, es ist vielmehr eine einzigartige Auffassung von der Größe menschlicher Berufung, die jede erreichte Stufe menschlichen Lebens an der Bestimmung gemessen als in Entfremdung befangen versteht. Die in der alttestamentlichen Glaubensgeschichte sich entwickelnde Verschärfung menschlicher Bestimmung kulminiert in der Verkündigung Jesu, die den Menschen unmittelbar zum Bürger des Reiches Gottes und Täter der Liebe beruft. Jesu Kreuzigung wird von daher zum Symbol für die Verweigerung des Menschen gegenüber dieser Berufung. Christliche Glaubenslehre sieht deshalb im Kreuz Jesu die Offenbarung menschlicher Sünde schlechthin.

Es ist gegenüber diesem Zusammenhang von Entwurf menschlicher Bestimmung und Entfremdung immer wieder geltend gemacht worden, daß er, gesehen auf die vitalen Bedingungen menschlichen Daseins, eine Überforderung darstelle, daß insbesondere die säkularen Abwandlungen des Entfremdungsgedankens durch die Radikalität ihrer Zukunftshoffnungen die in der Geschichte der menschlichen Gesellschaft faktisch möglichen partikularen Fortschritte zugunsten utopischer Programme preisgäben (24, 19 f.). Demgegenüber ist zuzugeben, daß die Idee der Entfremdung nur dort sinnvoll ist, wo sie auf die Leistungsfähigkeit des Menschen (d. h. auch auf die vitalen und gesellschaftlichen Bedingungen menschlicher Praxis) bezogen bleibt. Sie darf weder wie in der kirchlichen Autoritätskultur dazu führen, den Menschen für ein „Ebenbild des Teufels" zu halten, das nur mit der Gewalt bestehender Ordnungen mühsam domestiziert werden kann, noch darf sie, wie in der sozialistischen Utopie, zu der Forderung führen, daß die entfremdete Gattung ihre Entfremdung mit dem einen Schlage einer politischen Umwälzung aufheben und die heile Gesellschaft herbeiführen soll. In beiden Fällen tendiert der Gedanke der Entfremdung dahin, die faktische Leistungsfähigkeit des Menschen falsch einzuschätzen, nämlich zu überschätzen. Dennoch hängt am Symbol der Entfremdung Entscheidendes für die Motivation der Vollendung menschlicher Verhältnisse. Wie der Entwurf der menschlichen Bestimmung immer neu Ermutigung zur befreienden und heilsamen Praxis hervorbringt, so gewährt die ihm entsprechende Idee der Entfremdung eine immer neue Motivation zur unerbittlichen Kritik der bestehenden Verhältnisse unter der Frage, worin sie den Lebensinteressen der menschlichen Gattung verhindernd entgegenstehen. Wo beides, Entwurf der Bestimmung und Idee der Entfremdung, als Überforderung des Menschen verneint werden, muß in dieser oder jener Form das Bestehende verabsolutiert werden, und seine Verbesserung kann alsdann nur auf dem Wege technischer Vervollkommnung gesucht werden. Wie freilich die Hoffnung auf Erfüllung der menschlichen Bestimmung angesichts der Erfahrung ihrer Verfehlung so gedacht werden kann, daß heilsame menschliche Praxis möglich wird, das ist noch die offene Frage. Auf sie antworten in der Glaubenslehre die Symbole, die sich auf die Überwindung der Entfremdung beziehen: Versöhnung, Erlösung, Rechtfertigung, Vergebung usw.

4.4. Christliches Verständnis der Überwindung von Entfremdung (Versöhnung)

Das christliche Verständnis der Überwindung von Entfremdung ist jahrhundertelang dadurch belastet gewesen, daß man, dem Bilde der Weltheilsdramatik von Schöpfung, Fall, Erlösung folgend, Schöpfungswelt als bloße verderbliche Natur und Erlösungswelt als gnadenhafte Übernatur auseinanderriß. Theologen verschiedener Schulen und Konfessionen mußten darüber streiten, ob die Natur völlig verdorben oder nur geschwächt war, so daß der Mensch einen, wenn auch unzureichenden Beitrag zum Heile leisten konnte. Dieses aber erschien allemal als herausgehobene gnadenhafte Überhöhung des natürlichen Lebens, das durch sakramentale Gnadenmittel in den kirchlichen Institutionen vermittelt wurde. Das bedeutete zugleich Legitimation einer kirchlich begründeten Autoritätskultur, denn die Kirche garantierte in ihren Institutionen eben das Heil der Gesellschaft wie des Einzelnen.

Der Symbolgehalt der biblischen Schöpfungsvorstellung, wie er herausgearbeitet wurde, läßt nun aber Schöpfung als den geschichtlichen Prozeß verstehen, in dem die Bestimmung des Menschen in der Geschichte selbst hervorgebracht und der Mensch diesem Ziel zugeführt wird. Sie ist damit nicht Anfangsgeschehen ursprünglicher Vollkommenheit, durch den Fall verderbt, sondern Gesamtausdruck menschlichen Schicksals, das auf seine Bestimmung zugeht. Und Entfremdung ist nicht Verderbnis eines ursprünglich Vollkommenen, sondern Verfehlen dieser Bestimmung, Ausbleiben der Integration menschlicher Antriebe im Hinblick auf das Gelingen des Lebens der menschlichen Gattung. Von daher aber müssen auch die Vorstellungen der Überwindung von Entfremdung neu verstanden werden. Sie sind symbolische Antworten auf die Frage, wie Reintegration möglich ist, d.h. wie die Verfehlung menschlicher Bestimmung überwunden, wie die aus dieser Verfehlung entstehenden Konflikte des menschlichen Lebens bewältigt werden können.

Solange in den Frühkulturen Entfremdung an der Verletzung von Institutionen gemessen wird, bedeutet die Durchsetzung oder Wiederherstellung des institutionellen Gefüges selbst schon die Reintegration. Sie geschieht durch Vernichtung des Ordnungsbrechers oder durch ein System gestufter Sanktionen: Sühneriten, Opfer, Buße. Diese religiösen Riten werden im biblischen Glauben im Rahmen des geschichtlichen Verständnisses von Schöpfung und Entfremdung übernommen. Sie dienen nun dem Wiedergewinn der Gottesgemeinschaft durch Reintegration in die Heilsgemeinschaft des geschichtlichen Gottesvolkes.

Wenn aber Reintegration neue Aufnahme in heilsame Gemeinschaft bedeutet, muß sie selbst immer stärker personal-kommunikativen Charakter gewinnen. Es sind Menschen, die als Vertreter der Gottheit durch vollmächtige Heilsverkündigung oder stellvertretendes Heilshandeln den Desintegrierten Zugang zur Heilsgemeinde und damit zur heilsamen Bestimmung erneut gewähren. Diese schon in der Predigt der alttestamentlichen Propheten sich ausbildende Vorstellung hat dann in der Gestalt Jesu Christi ihre einzigartige geschichtsmächtige Verwirklichung gefunden. Jesu Verkündigung und sein Verhalten ist neben der unerbittlichen Ansage göttlicher Forderung ein Handeln, das sich erfüllt in der Heilszusage an die Desintegrierten; Heilung der Kranken und Besessenen, Annahme der Sünder, Vergebung der Sünden. Eben darin ist es „Evangelium", d. h. Frohe Botschaft der bedingungslosen Aufnahme in das endzeitliche Reich Gottes für jeden, der sich dieser Zusage bedingungslos erschließt. Jesus hat nach neutestamentlicher Überlieferunng für eben diese Verkündigung den Kreuzestod erlitten. Der christliche Glaube an Jesu Auferstehung bedeutet für die christliche Gemeinde deshalb die Bestätigung seiner Zusage über das irdische Scheitern hinaus. Ja, sein Kreuzesgeschick erscheint geradezu als Leiden um dieser Heilszusage willen und setzt damit seine Zusage erst für alle Menschen in Geltung. So rücken Kreuz und Auferstehung Jesu in den Mittelpunkt des christlichen

Glaubens: als geschichtliches Geschehen der Vermittlung von Heil für die Menschheit.
Die Glaubenslehre hat sehr verschiedene Vorstellungen angeeignet, um die Heilsbedeutsamkeit dieses Geschehens auszusagen. Im Symbol der „Erlösung" werden Erfahrungen aus dem politischen und rechtlichen Bereich (Sklaverei, Kriegsgefangenschaft) übernommen, um Reintegration zu kennzeichnen als die Befreiung von äußerer Herrschaft und innerer Hemmung, die dem Ergreifen der Bestimmung entgegenstehen. Im Symbol der „Versöhnung" sind es Erfahrungen des personalen Bereichs (Feindschaft, Aggression). Heil erscheint als die Macht, lebensbedrohende Konflikte zu überwinden, Antriebe in lebensdienliche Kommunikation zu integrieren. Zentral ist für die Glaubenslehre das Symbol der „Gerechtigkeit" und „Rechtfertigung" geworden. Schon im alttestamentlichen Glaubensverständnis meint „Gottesgerechtigkeit" als „Gemeinschaftstreue" (26, II, 1403 ff.) die Macht der Kommunikation, die den Einzelnen in das Leben der Heilsgemeinschaft aufnimmt. In der Verkündigung Jesu ist das „Reich Gottes" die endzeitliche Vollendung dieser Heilsgemeinschaft, die jedem offensteht, der dieser Verkündigung „glaubt", d. h. der sich der Zusage dieser Gemeinschaft hingibt und in ihr lebt. In der Hingabe des Glaubens ist die Entfremdung aktuell überwunden, die Sünde vergeben. Von da aus hat Paulus das Jesusgeschehen selbst als die Aufrichtung der Gerechtigkeit Gottes verstanden. Wer sie im Glauben annimmt, wer sich ihr erschließt, empfängt die „Rechtfertigung" (Röm. 3, 21 ff.), d.h. er ist aufgenommen in die Gemeinde derer, die über alle Entfremdung hinweg an der endgültigen heilsamen Bestimmung teilhaben.
Will man über die dogmengeschichtlichen Kontroversen, die die begriffliche Ausarbeitung des Rechtfertigungsgedankens ausgelöst hat, hinweg aufzeigen, welche Motive menschlicher Praxis die christliche Lehre von der Überwindung der Entfremdung hervorbringt, so ist ein Dreifaches zu sagen:

a) grundlegend ist der Ruf zum Glauben. Glaube aber ist zu verstehen als die Selbsteröffnung und Selbsthingabe, aus der allein die Überwindung der Verschlossenheit des Menschen gegenüber seiner Bestimmung möglich ist. S. Kierkegaard hat in der genialen Abhandlung „Die Krankheit zum Tode" (1849) diese Selbstverschlossenheit und Selbstverdrängung als Grund aller existentiellen und sozialen Konflikte des Menschen interpretiert, und für die Tiefenpsychologie ist dieses über alle medizinische und psychologische Differenzierung hinaus einer der Leitgesichtspunkte therapeutischer Praxis geblieben, der auch die Erziehungsberatung bestimmt. Ja, man kann sagen, daß die Fähigkeit zur Selbsteröffnung und zu gelöster Hinnahme des Begegnenden in dem Maße für menschliche Praxis an Bedeutung gewinnt, als die gesellschaftlichen Institutionen die Kraft verlieren, dem Einzelnen einen sozialen Ort zweifelsfrei anzuweisen. Der Verfall der institutionellen Sicherungen, die Mobilität gesellschaftlichen Lebens und die daraus folgende Rollenunsicherheit treiben den Selbstsicherungswillen und die aus ihm entstehenden Konflikte immer mehr hervor.

b) Glauben in diesem Sinne ist freilich nur ermöglicht in der Erfahrung einer unbedingten Annahme des Selbst durch den Anderen. Von dem Bilde des Verhaltens Jesu in den Evangelien her hat die Glaubenslehre die Heilsgabe als die unbedingte Annahme des Entfremdeten durch Gott (Annahme zu Gotteskindern) verstanden. Auch diese Vorstellung ist in therapeutische und pädagogische Praxis unmittelbar zu übersetzen. Allein die Vorausgewährung unbedingter Annahme vermag den Desintegrierten zur Überwindung existentieller und sozialer Konflikte zu helfen. Denn nur die Erfahrung des Angenommenwerdens gewährt die Ermutigung, sich selbst (auch in der Erkenntnis des Desintegriertseins) anzunehmen und sich der Wiedereingliederung in die Gemeinschaft zu eröffnen. Was hier gemeint ist, wurde in der Tradition christlicher Pädagogik sehr schlicht ausgedrückt: Gelingende Erziehung ist nicht möglich ohne die Vergebung. Sie gilt auch dem Erzieher. Denn angesichts der lebensentscheidenden Konsequenzen richtiger oder falscher pädagogischer Maßnahmen gewährt allein die Gewißheit, selbst angenommen zu sein, ein Handeln mit „getröstetem Gewissen".

c) Das bisher Gesagte bezieht sich vornehmlich auf den Bereich individueller Kommunikation. Er ist freilich, wie schon das Bild Jesu und dann auch die Heilslehre der Kirche ausweist, der primäre Ort der Reintegration. Indes hat das persönliche Geschehen der Annahme doch einen gesellschaftlichen, ja universalen Horizont. Was in individueller Kommunikation geschieht, ist bezogen auf das „Reich Gottes", die umgreifende Gemeinschaft des Heils, in der der Einzelne seine erfüllte Bestimmung zuletzt nur im Zusammenhang mit der heilsamen Erfüllung der Bestimmung aller gewinnt. Die individuelle Überwindung der Entfremdung ist ja tatsächlich abhängig von gesellschaftlichen Bedingungen ihrer Ermöglichung, und sie zielt auf eine Verwandlung der menschlichen Gemeinschaft, in der Entfremdung überwunden wird. Das begründet in traditioneller Glaubenslehre die „Mission", d. h. die Sendung aller Glaubenden zur Verwandlung der Welt. Es braucht hier nicht darüber gerechtet zu werden, inwieweit die christliche Kirche diesem Auftrag in ihrer Geschichte gerecht geworden ist. Daß sie diese Intention gehabt hat, auch in der Errichtung des „sacrum imperium", auch in der Schaffung einer Gesellschaft als „corpus christianum", ist nicht zu verkennen. Und ebenso wenig ist zu leugnen, daß aus dem christlichen Glauben immer wieder Anstöße zur Rechtsgestaltung in der abendländischen Gesellschaft hervorgegangen sind.

Ob in der gegenwärtigen Weltsituation christliche Praxis noch einmal geellschaftstragende Kraft entfalten wird, ist nicht vorweg zu entscheiden. Es wird davon abhängen, wieweit neben dem säkularen Fortwirken christlicher Ideen (Weltfriede) die Gemeinschaften des Glaubens aus der christlichen Symbolik neue Entwürfe gelingenden menschlichen Lebens zu entwickeln vermögen und inwieweit sie diese in humaner Praxis zu verwirklichen imstande sind. Angesichts der Schwierigkeit, solche Modelle heute überhaupt zu entwickeln, wird die Glaubenslehre immer noch einmal daraufhin zu befragen sein, welche Motivationen sie zu geben vermag. In der Erziehung ist sie damit jedenfalls ein Organon, das den Blick für die Bedingungen menschlicher Praxis überhaupt zu entwickeln und zu schärfen vermag.

4.5 Grenzaussagen christlicher Hoffnung (Eschatologie)

In der Weltheilsdramatik der traditionellen Glaubenslehre bezog sich die Eschatologie, die Lehre von den „letzten Dingen", gewissermaßen auf den letzten Akt: auf die Vollendung der Welt jenseits des Todes. Sie sprach von Auferstehung, Jüngstem Gericht und ewigem Leben. Die Religionskritik seit der Aufklärung, vor allem bei Marx, hat deshalb an ihr getadelt, daß sie die Aufhebung der elenden Verhältnisse dieser Gesellschaft in das Jenseits vertage und damit den Willen zur Überwindung des Elends selbst lähme (19, I, 18).
Die Dinge liegen anders, wenn das Aussein auf Vollendung schon dem Schöpfungsglauben zugehört. Denn dann ist der Mensch als Mitarbeiter an der Vollendung und an der heilsamen Gestaltung der Welt in Anspruch genommen. Und zugleich gewährt die Heilsverkündung immer neue Ermutigung, die Überwindung der Entfremdung im Glauben an die unbedingte Annahme zu ergreifen und abermals auf das Gelingen menschlichen Lebens auszugehen.
Dennoch enthält die traditionelle Lehre von den letzten Dingen ein Problem, das den Glauben bewegen muß. Es liegt in der Erfahrung des endgültigen Scheiterns der Lebensgestaltung im Tode, aber auch in anderen Grenzsituationen individuellen und sozialen Lebens (Erfahrungen der Grenze individuellen Vermögens, unüberwindliche Desintegration, Feindschaft, Vernichtungskampf). Die Frage, die sich hier stellt, ist die, wie der Glaube an die Erfüllung menschlicher Bestimmung der Erfahrung des endgültigen Scheiterns standzuhalten vermag.
Geschichtlich gesehen scheint die Eschatologie in diesem speziellen Sinne aus der Erfahrung des endgültigen Scheiterns hervorgegangen zu sein. Angesichts der drohenden Vernichtung des Volkes Israel ist in der alttestamentlichen Prophetie die Hoffnung erwachsen, daß Gottes Macht Israel eine neue Existenz jenseits der Vernichtung gewähren würde. (Das Bild der Auferweckung des Volkes vom Tode findet sich in Hesekiel 37.) Und als sich die Frage im Blick auf den einzelnen stellte: wie der getreu Glaubende angesichts seines Todes an der Vollendung des Heils Anteil haben könnte, hat der Glaube

mit dem Symbol der Auferstehung der Toten geantwortet. Es ist in der christlichen Glaubenslehre mit der Person Jesu Christi verbunden worden. Er erscheint als der Auferstandene von den Toten und zugleich als der Erstling einer allgemeinen Totenauferweckung (1. Kor. 15).

Die Voraussetzung dieser Vorstellung liegt in der Struktur des biblischen Gottesglaubens. Gott ist nicht der Garant der bestehenden Institutionen, er wird vielmehr geglaubt als der Gott der Verheißung, als die Macht der heilsamen Zukunft. Die Symbole der Eschatologie (Auferstehung, ewiges Leben) aber bezeugen nichts anderes, als daß der Glaube auch angesichts der Erfahrung des endgültigen Scheiterns festgehalten wird. Eine Verifikation dieses Glaubens ist ausgeschlossen. Gesehen auf menschliche Erfahrung, deuten die eschatologischen Symbole ins Leere, in eine schlechterdings verborgene Zukunft jenseits des Scheiterns. Dennoch erreicht der Glaube nach biblischer Tradition gerade hier seine eigentliche Gestalt. Er ist am Bild Abrahams deutlich: „Hoffnung, da nichts zu hoffen war" (Röm. 4, 18). Eben diese Paradoxie aber bringt die Macht des Glaubens auf ihren schärfsten Ausdruck. Er ist die schöpferische Kraft der Hoffnung schlechthin, die Antizipation des Gelingens gegen jeden Augenschein. Er ist der grundlose Grund des Mutes zum Sein (Tillich).

Den Gehalt der eschatologischen Symbole kann man gegenständlich nicht ausweisen. Zeigen läßt sich allein, was an menschlichem Verhalten durch sie möglich wird.

a) Die eschatologischen Symbole beziehen sich zunächst auf das Weltgeschehen im ganzen. Das Bekenntnis zur „Wiederkunft Christi" drückt die Hoffnung aus, daß die Heilszusage des Jesusgeschehens über alle erfahrene Entfremdung hinweg das letzte Wort haben wird (Mt. 24, 35). Das Bekenntnis zum „Gericht" aber drückt die Hoffnung aus, daß die Zugehörigkeit zur Heilsgemeinschaft, die Bereitschaft, in ihr unermüdlich an der Überwindung von Entfremdung tätig zu sein, über die endgültige Bestimmung des Menschen entscheidet.

Weder die Resignation des Wartens auf den „Jüngsten Tag" noch der „schwärmerische" Versuch, das Reich Gottes in der Geschichte zu verwirklichen, wird dieser Hoffnung gerecht.

Resignation liegt in der Trennung des Weltreiches, dem die Menschen in der Geschichte unterworfen bleiben, und des Gottesreiches, das sie nur vom Jenseits her erwarten können. Schwärmerei liegt in der Hoffnung, die Überwindung der Entfremdung in revolutionärem Handeln gewaltsam hervorbringen zu können. Beide Motive wirken in säkularer Form fort. Resignation liegt in dem Versuch, eine „schöne neue Welt“ zu schaffen, in der menschliche Freiheit und Wille zur Selbstbestimmung durch die Züchtung oder technische Produktion perfekter Anpassung entbehrlich wird. Schwärmerei liegt in der Überzeugung, durch politische Umwälzungen die Bedingungen der Emanzipation mit einem Schlage herstellen zu können. Alle Versuche ihrer Verwirklichung zeugen gegen sie. Der eschatologische Glaube hält menschliche Praxis im Interesse am Gelingen des Lebens zwischen Resignation und Schwärmerei auf dem Wege. Er glaubt an die Überwindung der Entfremdung angesichts der Erfahrung ihrer Unüberwindlichkeit gemäß der „Hoffnung, da nichts zu hoffen war“. Er hält an der menschlichen Bestimmung des Scheiterns fest. Eben darin glaubt er Gott.

b) Die individuelle Hoffnung angesichts des Todes wird nur in diesem Zusammenhang verständlich. Medizinische Anthropologie hat die Bedeutung aufgewiesen, die Hoffnung auf Leben für tödlich erkrankte Menschen besitzt. Sie vermag nicht nur unglaubliche Reserven des Lebenswillens (sei es zur Lebensverlängerung, sei es zur Genesung) zu mobilisieren. Sie hilft auch im Sterben zu einer Integrität, die dem Tode im Bewußtsein des Kranken den Charakter der Vernichtung nimmt (12). Und säkulare Interpretation hat deshalb das Symbol der Auferstehung geradezu als die Möglichkeit gelösten Sterbens ausgelegt, die individuellen Sieg über die Entfremdung bedeutet (4,379). Die Symbolik der Glaubenslehre freilich fügt das Geschick des Sterbenden ihrer universalen Hoffnung ein. Das Symbol der Auferstehung zielt deshalb nicht auf „Unsterblichkeit“ im Sinne einer Selbstbehauptung des Ich (der „Seele“) im Tode. Sie drückt vielmehr die Hoffnung aus, daß der Sterbende in die ausstehende Vollendung der Heilsgemeinschaft eingeschlossen ist. Sie findet ihren reinsten Ausdruck in der Paradoxie des Jesuswortes (Mk. 8, 35), das zugleich die motivierende Kraft der christlichen Hoffnung zusammenfaßt: „Wer sein Leben erhalten will, der wird es verlieren, wer aber sein Leben verliert um meinetwillen und um des Evangeliums willen, der wird es retten."

5. Zusammenfassung: Erziehung im Horizont des Glaubens und Glaubensverkündung für Kinder

Die Begründung der Erziehung im Horizont des Glaubens ebenso wie die Glaubensverkündigung für Kinder sind in eine Krise geraten, seit „Emanzipation“ zum Ziel und Motiv von Erziehung wurde. „Emanzipation“ meint dann in einem sehr weiten und undifferenzierten Sinne: Aufhebung menschlicher Fremdbestimmung, Befreiung zur Selbstbestimmung für jeden Menschen. Dabei sind einerseits konkrete Maßnahmen und Verhaltensweisen im Blick, die die Unterdrückung des einzelnen verhindern und die Entfaltung seiner Person befördern wollen. Zum anderen aber gewinnt die Idee der Emanzipation selbst symbolische Dignität. Vollkommene Emanzipation wäre das Heil schlechthin: Souveräne Selbstbestimmung und Autonomie, die sich keiner Fremdbestimmung mehr unterwerfen muß. Im Horizont der überlieferten Glaubenslehre besteht solche Gleichung zweifellos zu recht: Vollkommene souveräne Selbstbestimmung, die ja zugleich Weltverfügung sein müßte (um alle Fremdbestimmung auszuscheiden), ist ein Charakteristikum des Gottesbegriffs und damit des Heils schlechthin. Heil wäre aber in dem Maße dem Menschen zugeeignet, als er an dieser Freiheit Gottes partizipiert. Freilich sieht die überlieferte Glaubenslehre den Menschen zugleich von Gott unterschieden, er ist nicht Gott in seiner Totalität, sondern bildet ihn nur ab, und auch seine „Gottebenbildlichkeit“ ist in spezifischer Weise problematisch. Gottebenbildlichkeit, Partizipation an Gott und damit Heil empfängt der Mensch nur in der Weise, daß er sich der geschichtlichen Heilsgemeinschaft erschließt, die in der Überwindung der Entfremdung und der existentiellen Konflikte Heil und Freiheit jeweils neu erschließt: in der Hinnahme der unverfügbaren Existenzbedingungen (Schöpfung), in der unbedingten Kommunikation (Versöhnung), in der Hoffnung auf künftige Vollendung, die weiß, daß das gegenwärtig Bestehende gerade nicht das Heil ist (Erlösung).

Wo „Emanzipation“ als Aufhebung von Fremdbestimmung zum Motiv und Ziel der Erziehung wird, verfällt die symbolische Überlieferung des Glaubens weithin der Kritik. Sie erscheint als eine Fremdbestimmung des Menschen durch autoritative Traditionen, die vor allem das Kind seinem tatsächlichen kindlichen Lebensverständnis entfremdet und unter unkindliche Schablonen bringt. Klassisch hat schon J. J. Rousseau diese Auffassung in seinem Glaubensbekenntnis des savoyardischen Vikars zum Ausdruck gebracht: „Wenn ich ein wahres Bild von Verdruß erweckender Dummköpfigkeit malen wollte, so würde ich einen Pedanten zeichnen, der Kinder den Katechismus lehrt; so wie ich, wenn ich ein Kind närrisch machen wollte, es anhalten wollte, das zu erklären, was es sagt, wenn es mir seinen Katechismus herbetet ... Freilich darf man keinen Augenblick verlieren, die ewige Seligkeit zu verdienen. Aber wenn es, um sie zu erhalten, genug ist, gewisse Worte zu wiederholen, so sehe ich nicht, was uns hindern sollte, den Himmel eben sowohl mit Staren und Elstern zu bevölkern als mit Kindern“ (hrsg. von J. H. Campe, II, 450 ff.).

Unsere Interpretation der Grundsymbole des christlichen Glaubens hat sich demgegenüber bemüht zu zeigen, daß die Symbole nicht repressiv sind, d. h. sie unterdrücken nicht die Selbständigkeit und Mündigkeit des Menschen, sondern motivieren und evozieren sie gerade in der rechten Weise, da sie die Existenzbedingungen menschlicher Freiheit aufzeigen:

1. Menschliche Freiheit ist bedingt durch die Hinnahme der unverfügbaren Ursprungsbedingungen menschlicher Existenz und durch die Teilnahme am Kampf für eine Ordnung menschlichen Lebens, die relative Freiheit des Einzelnen ermöglicht (Schöpfung, Gottebenbildlichkeit).

2. Die Möglichkeit menschlicher Freiheit hängt ab von der Sensibilität für das, was Freiheit und Heil verhindert; es darf nicht hinwegdisputiert werden (Sünde, Entfremdung).

3. Menschliche Freiheit hängt ab von der Bereitschaft und Fähigkeit von Menschen, unbedingte Kommunikation zu

üben, anderen Menschen die Möglichkeit selbständiger Existenz vorweg zu gewähren (Versöhnung).

4. Menschliche Freiheit hängt ab von der Bereitschaft, die Grenzen der individuellen Freiheit, die Grenzsituationen, das absolute Scheitern ernst zu nehmen, sie in den Horizont der Lebensbedingungen aufzunehmen (Erlösung).

Die eigentliche Schwierigkeit der Glaubensverkündigung an Kinder liegt an derselben Stelle, wo die Schwierigkeit der Glaubensverkündigung überhaupt liegt, daß sie es nämlich mit Symbolen zu tun hat, die recht gebraucht werden müssen. Sie dürfen weder zu einer zweiten Welt neben der Welt unseres Lebens verdinglicht werden, wie es in der traditionellen Glaubenslehre mit ihrer Weltheilsdramatik geschah. Noch dürfen sie materiell zu Gegenständen dieser Welt verdinglicht werden, wie es in der Polemik der emanzipatorischen Pädagogik der Religion unterstellt wird. Recht verstanden etablieren die Glaubenssymbole nicht eine eigene Welt von Gegenständen, sie verweisen vielmehr mit den Mitteln der anschaulichen Lebenserfahrung auf den Ursprung und das Ziel menschlicher Bestimmung.

Werden die Symbole aber so verstanden, wie es in unserer Interpretation geschieht, dann kann die These gewagt werden: Glaubensverkündigung hat die Bedingungen der Menschwerdung, der menschlichen Sozialisation zu beachten: sie sprechen nicht gegen, sondern für eine Glaubensverkündigung auch an Kinder. Die Glaubenspraxis des Einzelnen wurde und wird ja dadurch begründet, daß er in die Institutionen der religiösen Gemeinschaft: Kirche und Gemeinde (einschließlich der Institutionen, die die Vorstellungswelt des Glaubens ausmachen: Bekenntnis und Dogma) hineinwächst. Er findet sie als Horizont der Weltorientierung immer schon vor. Im Prozeß der Sozialisation werden vom Einzelnen diese Institutionen und die in ihnen dargebotenen Normen religiöser Praxis verinnerlicht. Er identifiziert sich mit der institutionellen Überlieferung des Glaubens und gewinnt dadurch seine Gewißheit und Identität als Christ. Die verinnerlichten Normen werden ihm zur Instanz, der gegenüber er sich verantwortet und an der er festen Halt für seinen Lebensvollzug gewinnt.

Das schließt nicht aus, daß der einzelne immer neue Lebenserfahrungen in diese ursprüngliche Gewißheit integrieren muß: der Kinderglaube muß zum Erwachsenenglauben werden. Der einzelne muß die Normen im Blick auf seinen Lebensprozeß immer neu auslegen, und dabei kann sich der ursprünglich durch die Überlieferung bestimmte Inhalt seiner Glaubensgewißheit im Lebensvollzug erweitern und auch verändern. Aber die einmal gewonnene Identität kann nur durchgehalten werden, solange ihr die zugrunde liegende Glaubensgewißheit nicht grundlegend problematisiert wird. An ihr hängt die Selbstgewißheit und Kontinuität der Selbstauslegung im Leben und damit die Integrität des Lebens selbst.
Die Begriffe Integrität und Identität werden hier verwendet, wie sie von Erikson formuliert und in der Sozialpsychologie u.a. bei Berger und Luckmann verwendet werden (6 und 2).
Wenn die Frage gestellt wird, wie überhaupt Gewißheit der Person entsteht, die auf solche Gewißheit hin alle denkbaren Lebenserfahrungen integriert, um sich als Person durchzuhalten, so ist zu verweisen auf den Prozeß der Sozialisation. Das Menschenkind kommt unfertig auf die Welt, es erwirbt sein Menschsein erst im Prozeß des Hineinwachsens in die menschliche Gesellschaft in extrem langer Zeit. Schließt man an an die dabei beobachteten Stadien, in denen die Ablösung von den Eltern und die Selbstbestimmung sich artikulieren, dann kann man vier Schritte der Sozialisation als notwendig erkennen:

1. Die Stufe des Grundvertrauens: Das Kind wird von den Eltern angenommen in seiner Hilflosigkeit. Es muß die unverfügbaren Bedingungen hinnehmen und kann dies nur, wenn ein Grundvertrauen zur Umgebung, zur Hegeperson entsteht und gegeben ist. Daraus folgen zwei Einsichten. Erstens: Das Selbst wird gewonnen in der „face-to-face situation" mit anderen Menschen. Der andere Mensch repräsentiert die Welt und ihren Sinn, er repräsentiert damit also auch Gott. Er repräsentiert die Welt als Ordnung und nicht als Chaos. Zweitens: Die erste Stufe der Selbstwerdung enthält einen grundlegenden Akt der Affirmation, des Vertrauens. Ohne ihn kann der Mensch gar nicht er selbst werden,

weil er nicht in die „face-to-face situation“ kommt, die erst Ordnung der Welt (Schöpfung) ermöglicht. So ist das Grundvertrauen die Wurzel alles Glaubens. Wo es gestört ist (wie in Fällen von extremem Hospitalismus), kann es zum Glauben gar nicht kommen. Zugleich ist freilich damit nur eine erste Stufe benannt, das Grundvertrauen muß sich artikulieren, um die neue Welt eines neuen persönlichen Individuums zu schaffen.

2. Die Stufe der Identifikation: Das Kind erfährt sich sukzessive als abgelöst von den Eltern. Aus der Symbiose mit der Mutter wird es entlassen. Es sieht die Mutter als Forderungsträger der menschlichen Gemeinschaft sich gegenüber. Theologisch gesagt: Auf den „Urstand“ des Grundvertrauens folgt das Gesetz der Forderungen, die die Eltern an das Kind stellen (z. B. Reinlichkeit, Benehmen usw.). Damit werden zugleich die Forderungen der menschlichen Gemeinschaft zum Ausdruck gebracht. Das Kind findet hierbei in einer neuen Weise, was er selbst ist. Es findet, was es ist, zunächst, indem es die Normen, die die Eltern an es herantragen, übernimmt. Es identifiziert sich mit den Eltern oder den Normen. Es wird ein „rechter Christ“, ein „guter Deutscher“, ein „tüchtiger Mensch“. Die Normen werden verinnerlicht. Sie werden nicht mehr nur von außen durch die Eltern repräsentiert, sie sprechen vielmehr im Zögling selbst, in der Ausbildung seines Gewissens. An dem, was er sein soll, erfährt der Mensch, was er ist. Bleibt diese Verinnerlichung von Normen aus, so entsteht eine extreme Anomie, die, wie die Versuche antiautoritärer Erziehung zeigen, dazu führt, daß das Kind aggressiv und orientierungslos wird und daß es zugleich von einer extrem niedrigen Frustrationstoleranz ist. D. h. es kann sukzessive auch die elementaren Forderungen, die die Aufgabe der Lebensbewältigung ihm stellt, nicht erfüllen.

3. Die Stufe der Identität: Entscheidend zum Selbstwerden aber ist nun, daß der heranwachsende Mensch nicht nur in der Identifikation mit den Eltern bzw. den durch sie repräsentierten Normen verharrt. So wird er nicht „er selbst“. Sondern er muß sich vom Anspruch der Eltern ablösen — er muß selbständig finden, was er ist. Das traditionsgeleitete Stadium der Kindheit muß, soziologisch gesprochen, abgelöst

werden vom „innengeleiteten“ Stadium. Diese Ablösung beginnt mit der Pubertät und ihren Krisen. Sie wirken heute weit bis in das Erwachsenenleben hinein. In der Revolte der Jugend, in den Subkulturen, in der weltweiten Organisation von Jugendgruppen finden wir nur eine gesellschaftlich besondere Form der Ablösung. Die heutigen Krisen und Frustrationen der Pubertät hängen offenbar damit zusammen, daß die Ablösung von der Identifikation mit der Gesellschaft, daß der Gewinn der Identität — daß ich weiß, was ich bin und will — immer schwieriger wird. Unter den zahlreichen Gründen, die dafür genannt werden können, sei nur dieser erwähnt: der Erwartungsdruck an die kreative Leistungsfähigkeit der Jugendlichen wächst beständig — die Massenmedien spiegeln Pseudoidentitäten vor, die als reale genommen werden, so daß es zu einem Identitätsschwund kommt. Ich-Identität bedeutet mit Erikson die gestufte Integration aller Identifikationen in einem Neuen, einer selbständigen Ich-Person. Übertragen wir dies wieder auf das Problem des Glaubens, so ergibt sich: Es genügt nicht die Übernahme von Sätzen und Normen, sondern der Mensch muß lernen, aus ihnen ein Ich zu schaffen, das selbständig mit den Normen umgeht. Auf die Zeit des „Gesetzes“ (der Identifikation) soll die Zeit der „Freiheit“ folgen. Mit solchen Verweisen soll nicht gesagt werden, daß die individuelle Entwicklung eine Abbildung des christlichen Credos wäre. Wohl aber enthält die primäre Sozialisation Elemente dessen, was die traditionelle Symbolik als „Heilsgeschichte“ bezeichnete. (Vgl. Gal. 3 wie auch Mk. 2,27: Der Sabbat ist um des Menschen willen gemacht und nicht der Mensch um des Sabbats willen — so ist auch der Mensch nicht um der religiösen Normen willen da, sondern die religiösen Normen um des Menschen willen). Möglich ist ein solcher selbständiger Umgang nur in einer Lebenspraxis, in der die Normen zur eigenen Lebensführung selbständig eingesetzt werden — und in der sie sich bewähren.

4. Die Stufe der Integrität: Als Integrität bezeichnen wir die Summe aller Lebensleistungen, die ein Mensch aus seiner Identität heraus vollbringt, in denen sich die Identität und

ihr Normengefüge bewährt. Die Integrität muß gegen andere Forderungen und Überforderungen verteidigt werden, sonst hält die Identität nicht durch, die Person wird „außengeleitet". Zugleich mit dem Durchhalten der Identität muß der Mensch die Grenzen seiner Lebensleistung akzeptieren lernen. Indem ich dies bin und werde, bin und kann ich anderes nicht werden. Integrität bedeutet auch: Annahme des einmaligen Lebensschicksals.

Übertragen wir dies auf den Glauben: Erst im Laufe des eigenen Weges, den ich suchen, annehmen und verteidigen muß gegen immer neue Angebote und Forderungen, erweist sich die Glaubenspraxis als etwas, das im Leben trägt. Und noch einmal bewähren sich die Grundsymbole des Glaubens, indem sie die Bedingungen menschlicher Integrität zum Ausdruck bringen. Die Symbole der Schöpfung bringen zum Ausdruck, daß menschliche Integrität nur in der Hinnahme der Ursprungsbedingungen persönlichen Lebens und im Einsatz für die Erhaltung dieser Bedingungen gegründet werden kann. Die Symbole der Entfremdung bringen zum Ausdruck, daß menschliche Integrität nur erreicht werden kann, wo die Konflikte des Lebens nicht verdrängt, sondern durchgestanden werden. Die Symbole der Versöhnung bringen zum Ausdruck, daß menschliche Integrität nur in der Reintegration, d. h. in der immer neuen Bewältigung und Überwindung der Konflikte gewonnen werden kann. Die Symbole der Erlösung bringen zum Ausdruck, daß alle menschliche Lebensverwirklichung endlich bleibt und an letzte Grenzen stößt, wo der Mensch auf entgegenkommende Lebensermöglichung angewiesen bleibt. Nur wo diese Grenzen geachtet werden, nur wo, traditionell gesprochen, Totalität allein Gott selbst zukommt und nicht dem Menschen, kann das Menschsein menschlich bleiben. Identität als Glaubensgewißheit ist nicht etwas, das ein für allemal fertig ist. Sie ist ein Prozeßgeschehen, dessen Summe eben jeweils die Integrität des Glaubenden darstellt. Nur im Gewinn der Integrität entsteht persönliche Gewißheit. Nur aus ihr heraus ist die Vertretung des Glaubens möglich anderen gegenüber, Kindern gegenüber. Nur so kann man die Hoffnung haben, das „Bild Gottes" in dieser Welt präsent werden zu lassen.

Literatur

1. K. Barth: Evangelium und Bildung, 2. Aufl. Zürich 1947.
2. P. L. Berger u. Th. Luckmann: Die gesellschaftliche Konstruktion der Wirklichkeit, Frankfurt 1969.
3. C. Bormann: Studien zu Berufsbild und Berufswirklichkeit evangelischer Pfarrer in Württemberg: Tendenzen der Berufseinstellung und des Berufsverhaltens, in: Internationales Jahrbuch für Religionssoziologie, Bd. 4, 1968, 158 ff.
4. N. O. Brown: Die Zukunft im Zeichen des Eros, Pfullingen 1962.
5. W. D. Bukow: Das Elend der sozialistischen Opposition in der Kirche, München 1969.
6. E. H. Erikson: Identität und Lebenszyklus, Frankfurt 1966.
7. W. Flitner: Das Selbstverständnis der Erziehungswissenschaft in der Gegenwart, Heidelberg 1957.
8. A. Gehlen: Urmensch und Spätkultur, Bonn 1956.
9. A. Gehlen: Die Seele im technischen Zeitalter, Hamburg 1957.
10. F. Gogarten: Der Mensch zwischen Gott und Welt. 3. Aufl. Stuttgart 1962.
11. O. Hammelsbeck: Evangelische Lehre von der Erziehung, 2. Aufl. München 1952.
12. A. Jores: Der Tod des Menschen in psychologischer Sicht, in: A. Sborowitz / E. Michel (Hrsg.), Der leidende Mensch, Personale Psychotherapie in anthropologischer Sicht, Darmstadt 1960, 417—428.
13. G. Kehrer: Das religiöse Bewußtsein des Industriearbeiters, München 1967.
14. Lexikon für Theologie und Kirche, 2. Aufl. hrsg. v. J. Höfer und K. Rahner, Freiburg 1957 ff.
15. W. Lohff: Der Erziehungsauftrag der Kirche, in: I. Röbbelen, Zum Problem des Elternrechts, Heidelberg 1966, 258 ff.
16. W. Lohff: Über die Rolle der Religion in der säkularen Gesellschaft, in: Christentum und Gesellschaft, hrsg. von W. Lohff und B. Lohse, Göttingen 1969, 9 ff.
17. J. M. Lohse: Kirche ohne Kontakte?, Berlin 1967.
18. H. Marcuse: Triebstruktur und Gesellschaft, Frankfurt 1968.

19. Marx-Engels-Studienausgabe, hrsg. von I. Fetscher, 4 Bände, Frankfurt 1966 ff.; darin: K. Marx: Zur Kritik der Hegelschen Rechtsphilosophie, Einleitung, Bd. 1, 17 ff. Karl Marx: Ökonomisch-philosophische Manuskripte, Bd. 2, 38 ff.

20. J. B. Metz: Zur Theologie der Welt, Mainz und München 1968.

21. G. Otto: Verkündigung und Erziehung, Göttingen 1957 .

22. W. Pannenberg: Was ist der Mensch?, 4. Aufl. Göttingen 1972.

23. W. Pannenberg: Grundfragen systematischer Theologie, 2. Aufl. Göttingen 1971.

24. H. Plessner: Das Problem der Öffentlichkeit und die Idee der Entfremdung, in: Diesseits der Utopie, Düsseldorf 1966.

25. G. v. Rad: Theologie des Alten Testamentes, 2 Bände, 5. Aufl. München 1966/68.

26. Die Religion in Geschichte und Gegenwart, 6 Bände, 3. Aufl. Tübingen 1957 ff.

27. H. Schelsky: Ist die Dauerreflektion institutionalisierbar? in: Zeitschrift für evangelische Ethik, Gütersloh 1959, 129 ff.

28. R. Seeberg: Lehrbuch der Dogmengeschichte, 4 Bände, 4. Aufl. Berlin 1953—54.

29. M. Stallmann: Christentum und Schule, Stuttgart 1958.

30. P. Tillich: Die sozialistische Entscheidung (1933), in: Werke Bd. II, Stuttgart 1962, 219 ff.

31. P. Tillich: Theologie und Erziehung, in: Werke Bd. IX, Stuttgart 1967, 236 ff.

32. P. Tillich: Systematische Theologie, 3 Bände, Stuttgart 1955/66.

Helmuth Kittel:

Freiheit zur Sache

Eine Stellungnahme zum Religionsunterricht.
1970. 73 Seiten, kartoniert

Der Verfasser versucht die [illegible] eines freien „Schulfachs" [illegible] Wahrheit [illegible] christlichen Gemeinde und [illegible] religiösen [illegible].

Hans-Jürgen Fraas:

Religiöse Erziehung und Sozialisation im Kindesalter

1973. 257 Seiten, kartoniert

Eine erste [illegible] Darstellung [illegible] und psychologischer Forschung — ein [illegible] der Grundlagen religiöser Erziehung.

Marianne Timm u. a.:

Biblisches Lesebuch für die Grundschule

(3.—6. Schuljahr) 1974. [illegible] Seiten [illegible]

Das erarbeitete Verfasserteam [illegible] Nacherzählungen [illegible] den Grundschulen [illegible] Bibel [illegible] sprachlich [illegible] Kinder ab, [illegible] zum Vorlesen [illegible] informieren [illegible] Bebilderung [illegible] erweitert die Chancen [illegible] frei oder [illegible] problemorientierter Religionsunterricht.

Zeichnungen [illegible] und [illegible]

E 6,80
18.10.
KV